울산의 정치·문화에 대하여

김 진 지음

울산의 정치 .문화에 대하여

Jin Kim: Über die Politik und Kultur der Stadt Ulsan

김진 지음

UUP

울산의 정치·문화에 대하여

2007년 1월 15일 1판 1쇄 인쇄
2007년 1월 30일 1판 1쇄 발행

지은이 : 김 진
발행인 : 정 정 길
편집인 : 김 호 연
발행처 : UUP (울산대학교출판부)
689-749 울산광역시 남구 무거동 산29번지
☎ 052-259-2488 Fax 227-3011
등록 제 370-1996-000001호(1996.3.13)

ISBN 978-89-7868-960-1

값 6,500원

※ 잘못된 책은 바꾸어 드립니다.

서문

이 책은 우리 울산지역의 정치문화적 정체성에 대한 반성적인 글들을 모은 것이다. 필자가 울산에서 살기 시작한 것은 1989년부터였다. 이곳에 올 때 아예 여기에서 죽고 묻히겠다는 심사에서 주소뿐만 아니라 본적까지 옮겨 왔다. 철저하게 울산사람이 될 것을 준비하는 마음으로 온 것이다.

그러나 초창기에는 경제적으로나 문화적으로 많은 어려움이 있었기 때문에 울산 지역에 대한 관심을 갖지 못하였고, 지역사회를 위한 활동 역시 미미하기 짝이 없었다. 어떻게 생각하면 울산에는 철학자가 들어설 자리가 아예 존재하지 않는 것처럼 보였다.

이곳 문화에 익숙해지기 시작하면서 필자는 문화적 차이에 엄청난 괴리감을 느낄 수밖에 없었으며, 그것을 극복하는 데 엄청난 노력과 시간이 들었다. 필자는 지금까지도 오늘날 대한민국을 이끌고 있는 산업수도로서의 울산에 걸맞은 정치문화적 정체성이 형성되지 않고 있으며, 그 점에서 시민들이 엄청난 가치관의 혼란을 겪고 있다고 믿고 있다. 이런 현상들에 대하여 철학자로서 필자의 책임 또한 작지 않다고 생각한다. 필자는 지금까지 경상일보, 울산매일, 울산포커스,

울산노컷뉴스, 울산여성신문 등에 투고 활동을 지속해 왔으며, 가능한 한 지역인사들의 눈치를 보지 않고 내 자신의 생각을 피력하고자 노력해 왔다.

따라서 이 책에 담긴 어떤 글들은 이 지역 출신의 유지들에게 불쾌감을 줄 수도 있을 것이다. 그러나 의도적으로 그들을 자극하고 매도하려고 한 것은 아니다. 이 세계는 글로벌 시대를 넘어서서 글로컬 시대를 표방하고 있으며, 세계화와 지식기반사회가 동시에 전개되고 있음에도 불구하고, 우리 울산지역에서는 전근대적인 가치관에 사로잡혀서 비합리적인 방식으로 인식하고 행위하는 경우가 비일비재하다. 물론 현대사회에서 전통적인 가치관을 유지 발전시키는 것은 우리의 문화적 자산이 될 수 있다.

그러나 필자가 강조하고자 하는 바는 그런 차원의 것이 아니다. 한 마디로 울산사회는 물상화된 도시이다. 돈과 술과 향락과 퇴폐로 가득 차 있는 도시이며, 전국적으로 이혼률이 가장 높은 도시에 속하고 시시때때로 성폭행과 노사갈등이 일어나고 있다. 도시 곳곳에서는 개발이 진행되고 있지만 도시 미관에 대한 고려는 미미하지 그지없다. 이런 사실에 비추어 볼 때 최근 박맹우 시장이 울산시를 생태환경 도시 및 선진복지 도시로 새롭게 가꿀 계획을 천명한 것은 매우 시의적절한 일이 아닐 수 없다.

이 책에서의 특징은 산업수도로 알려진 울산광역시가 지금까지 마땅한 정체성을 찾지 못하고 방황하고 있는 것이 안타까워서 앞으로 울산시민이 추구해야할 미래적 지향가치를 새롭게 진단하는 작업에 혼신의 노력을 기울이고자 한다. 그 중에서도 가장 중요한 것은 울산시민들의 대화합잔치로 벌이고 있는 처용문화제가 울산시민들이 지향할 일상적이고 보편적인 가치로 미흡하다는 지적을 하고자 하였다. 처용설화나 처용 관련 문화전승의 가치는 결코 무시될만한 것이 아니다. 그러나 그 설화의 모티브에 담겨 있는 의미함축은 시민화합형 축제에 부합되지 않으며, 순수 문화예술의 장르로 발전시키는 것이 더 전략적일 수 있다. 처용에 대한 논의는 내용이 중복된 부분이 많기는 하지만, 여러 계층과 지면을 고려하여 난이도를 조정해서 쓴 것이어서 특별히 손질하지 않고 그대로 수록하였음을 밝혀 둔다. 독자들은 관심 있는 부분만을 골라서 읽어도 좋을 것이다.

필자는 울산시가 광역시 승격 10주년에 걸맞은 가치관 재정립에 착수해 줄 것을 바라마지 않는다. 가장 중요한 것은 앞으로 울산의 미래를 책임져나갈 젊은이들이 울산을 사랑하고 애착을 가지며 자긍심을 가질 수 있는 역사적 정체성과 문화적 가치의식을 확립해 나가는 일이다. 가장 긴급하고 새롭게 논의해야 할 사안은 울산시의 정체성을 가장 민감하게 드러내고 있는 울산시민들의 대표축제의 성격을 새롭게 규정하고 울산시의 로고 등 상징 체계를 개선하는 일이다.

처용문화제는 울산의 대표축제로서 결코 적합하지 않다. 이는 처용설화 자체의 문화적 가치를 폄하하고자 하는 것이 아니다. 우리는 우리들의 문화자산에 대한 정당한 평가 없이 과거 권력시대에 한 장관의 제의를 물리치지 못하고 무비판적으로 수용하는 잘못을 범하였다. 우리는 그것보다 더 건강하고 적극적이고 구현해 나가야 할 이상적 가치를 가지고 있다. 반구대 암각화의 고래 이미지가 바로 그것이다. 이제 울산광역시 10주년을 기념하는 이 마당에서 우리는 미래의 젊은이들이 가치지향으로 삼아야 할 문화적 이미지를 발굴 활용하게 할 필요가 있다.

울산시민들에게 가장 친숙한 문화현상은 반구대 암각화에 그려진 고래들이다. 선사시대 이래로 울산사람들은 고래와 더불어 살아왔으며, 고래는 인간과 자연의 조화를 상징하는 존재로 자리매김되어 왔다. 현재 울산의 생태문화도시 운동 역시 고래가 더 상징적이며, 세계 속으로 진출하는 울산시민의 역동적인 모습이 형상화 될 수 있는 것도 특징적이다. 따라서 필자는 울산이 새롭게 추구해야할 가치이념은 반구대 암각화와 천전리 각석에 나타난 예술적 구상미와 추상미의 조화라고 생각한다. 그 한 가운데 고래가 살아 움직이고 있다. 그것은 불륜과 간통의 이미지로 얼룩진 정체모를 처용으로부터 벗어나서 울산시민을 밝고 건강한 삶의 철학으로 새롭게 무장하는 것을 뜻한다. 처용의 이미지가 소극적이고 자괴적이고 퇴폐적인 반면에 반구대의 고래 이미지는 적극적이고 역동적이며 진취적이다.

울산 지역에 처용의 식솔들이 살고 있는 것이 아니다. 그럼에도 불구하고 그것 하나를 고치지 못하는 것은 이 지역 어른들이 어른 구실을 제대로 하지 못하고 있기 때문이다. 처용은 순수 문학예술의 장르로서 발전될 수 있도록 지원할 필요가 있다. 그러나 울산시민 전체가 화합의 무대를 펼쳐야 할 이름은 반구대의 이상이다. 그리고 아예 이참에 용이 여의주를 물고 있는 모습을 형상화했다는 울산시의 로고를 생태학적 이미지로 바꿀 필요가 있다. 울산시의 대표적인 작가들이 반구대 암각화의 고래를 재 구상하여 세계적인 평가를 받은 사실이 있다. 우뚝 선 고래의 모습을 울산시의 상징으로 받아들이자. 고래는 대양(大洋)을 생각나게 하고 세계의 구석구석을 누비고 다니는 모습을 연상하게 한다. 한반도의 동쪽 끝자락에 위치한 울산은 선사시대부터 고래들이 놀고 서식하던 보금자리이자 영원한 고향이 분명하다. 고래의 상징적 이미지는 울산의 세계적인 기업 이미지들과도 상통한다. 현대중공업과 현대자동차, 그리고 SK그룹의 이미지가 바로 세계 속을 누비고 다니는 고래의 모습 그 자체인 것이다.

울산의 역사적 문화적 정체성을 다시 확립하자. 그래서 울산의 미래를 짊어지고 나갈 젊은이들에게 꿈과 이상을 마음껏 펼칠 수 있도록 가치관의 혁명을 일으키자. 이 일이 성사되어야만 울산의 정치 경제적 환경 역시 보다 투명해 질 것이다. 이 일을 제안한 것은 필자이지만 이 일을 매듭지을 일꾼들은 울산시의 여러 유지들과 정치인들과 종교인 그리고 지식인들이다.

울산에는 훌륭한 어른들이 많이 있다. 그런데도 이 분들은 울산의 바람직한 변화를 위한 노력에 소홀한 측면이 없지 않았다. 울산을 대표하는 유지들 몇 분만 머리를 맞대고 고민한다면 이 정도의 문제는 너무도 쉽게 해결될 수 있을 것이다. 울산시민들이 보다 건강하고 활기차게 살아갈 수 있도록 건전한 가치 이념을 지도하는 것이야말로 울산지역 어른들이 책임져야 할 사안인 것이다.

필자는 이 조그마한 책자를 울산을 사랑하고 울산시민을

아끼고 울산의 자연환경을 지켜나가는 모든 분들에게 헌정하고자 한다.

백운산 자락의 선필마을에서

2007년 1월 15일, 김 진

울산의 정치·문화에 대하여

차례

하나.. 울산의 정치현실

둘. . 국립대 유치 논란

셋. . 울산사람들의 이야기

넷. 처용문화제의 대안

하나..울산의 정치현실

월드컵 울산의 지방선거

월드컵의 열기가 한층 달아오를 6월 13일은 우리 고장 울산시의 미래를 가꾸어나갈 일꾼들을 선출하는 날이다. 우리 고장의 지도자로서 누가 가장 적절한 인물인가를 판단하는 데 있어서 우리 대학인들만큼 유리한 위치에 서 있는 사람은 없을 것이다. 우리 대학인들은 지금까지 사회정화와 정치개혁을 위하여 많은 노력을 기울여 왔으며, 총칼 앞에서도 굴하지 않고 길거리로 쏟아져나가 정의를 외친 적도 한두 번이 아니었다. 그와 같은 피나는 노력이 헛되지 않아서 지금 우리는 풀뿌리 민주주의를 정착시키는 시점에 있는 것이다.

그럼에도 불구하고 우리는 개인적인 사정을 빌미로 하여 선거에 불참한 적이 적지 않다. 발표된 통계자료를 들여다보면, 특히 젊은 유권자 층의 선거참여율이 가장 저조했던 것이 사실이다. 이것은 아이러니이고 모순일 뿐만 아니라 성실하지 못한 처사임에 틀림없다. 고위공직자들의 부정부패와 복지부동에 대하여 철저하게 비판하였던 젊은 세대들이 기실 투표장에 나가는 것을 게을리 한다면 그것은 너무나 자가당착적인 일이 아닐 수 없다.

벌써부터 이번 선거는 월드컵 경기 때문에 50%의 투표율도 어렵지 않겠느냐라는 비관적인 소리가 높다. 현재 우리 고장 울산시는 여러 가지 당면과제를 안고 있다. 예를 들면 원전유치를 정점으로 하는 환경문제, 노사갈등의 원만한 해소방안, 전 주민의 70%가 넘는 외지인들을 울산사랑운동의 주체로 끌어들이는 문제, 산업구조의 개편방안, 고속전철의 울산역 유치문제 등 산적한 현안들이 있다. 이런 문제들은 우리의 삶의 질을 개선하는 일과 직결되어 있으며, 이 문제들에 대하여 가장 현명한 판단을 내릴 수 있는 우리 대학인들이야말로 반드시 선거에 참여해야 할 의무가 있는 것이다.

금년에는 경선 또는 하향식 공천 방식을 통하여 정당 후보자를 선출하는 등 민주주의의 원리에 근접해 보려는 노력이 감지되었다. 그럼에도 불구하고 일부 정당에서는 일부 토호세력이 임의로 후보를 옹립하는 등 민의에 반하는 불미스러운 일도 적지 않았으며, 어떤 후보들은 우리 고장의 현안문제들에 대해서 너무나 무지한 경우도 있었다. 이 모든 일에 대하여 우리 대학인들은 여론을 바르게 주도해 나갈 책무가 있다. 그리하여 참신하고 능력있는 지도자, 울산시민을 위하여 평소에 늘 봉사해 왔고 앞으로도 변치 않고 성실한 태도로 열심히 일할 수 있는 그런 일꾼들이 선출될 수 있도록 나서야 할 것이다.

이제 지방자치가 시작된 지도 7년이 지났다. 어떤 사람들은 지방자치가 많은 폐해를 불러왔다고 비판하기도 하지만, 행정서비스가 개선되는 등 상당한 효과를 거둔 것도 사실이다. 지방자치제도를 성공적으로 정착시키는 책무는 우리에게 있으며, 이번 선거에도 적극 참여하여 우리들이 주인임을 보여주어야 한다. 전세계의 월드컵 가족들이 우리나라를 주시하는 바로 지금, 우리 모두 지방선거에 참여하여 우리의 선진 정치문화를 과시해보자. (2002.04.15)

조승수 의원의 경우

사법부는 부정선거를 방지하고 공직자의 도덕적 기준을 강화하라는 국민적 요구에 따라서 선거사범들에 대하여 지금까지 준엄한 심판을 내려왔으며, 바로 그 때문에 국민적 지지를 얻을 수 있었다. 그러나 사법적 판단은 그 어떤 경우에도 시류에 흔들리지 않고 사실과 법 규정에 입각하여 공정하게 이루어져야 한다. 사실과 법 규정에 대한 해석 역시 법관의 양심과 양식에 따라야 하지만, 지나치게 자의적이거나 편파적이어서는 곤란하다.

불행하게도 우리는 바로 민주노동당 조승수 의원의 1, 2심 판결문에서 그런 우려를 확인할 수 있다. 그는 사전선거운동 혐의로 기소되어 당선무효형을 선고받았으며, 대법원의 최종 판결을 기다리고 있다.

재판부와 피고인 모두 인정하는 사실은 이렇다. 지난 2004년 4월 1일, 울산 북구 농소2동의 중산동 주민들이 간담회를 마련하고, 2002년에 입안된 음식물자원화시설 설치 건에 대하여 입장 표명을 요구하자, 그는 선거의 당락에 관계없이 주민들의 의견을 존중하여 처리하겠다고 대답하고, 주민들이 요구한 대로 각서 1부를 작성하여 건네주었다. 주민대표는 이 문서를 복사하여 아파트에 게시하고 마을사람들에게도 배부하였다.

피고인과 재판부는 위 사건이 공직선거및선거부정방지법 58조(선거운동의 정의 등) 1항에서 예외적으로 인정하는 '통상적인 정당활동'에 속하는지, 각서 1매의 교부가 93조 1항에 규정된 '탈법방법에 의한 문서 등의 배부 및 게시'에 해당하는지 등에서 상반된 인식을 가지고 있다. 이 사건의 본질은 이 행위사실이 포괄적인 의미에서의 정치(정당)활동이냐 아니면 선거운동이냐를 판별하는 기준 설정의 객관성과 공정성 여부에 있으므로, 재판부가 그 사실을 어떻게 해석하는가를 주의 깊게 살펴야 할 것이다.

재판부가 피고인에게 중형을 선고하는 가장 큰 이유는 두 가지이다. 첫째로 중산동 주민대책위는 지역현안을 선거와 연관시키려고 하였고, 여의치 않을 경우에는 조 후보에 대한 낙선운동을 전개할 의지를 가지고 있었다. 따라서 피고인은 "선거구민들의 표를 얻기 위하여 자신의 입장을 적극적으로 설명하고 해명"(11쪽)할 필요"가 있었으며, 이는 자신의 "당선을 도모하는 목적의지를 수반한 행위"이므로 선거운동에 해당된다는 것이다. 이는 2심에서도 그대로 유지된다.

여기에서 관건은 득표와 연관된 행위의 의도성 여부이다. 재판부는 피고인의 행위가 표를 얻기 위한 것이라고 단정한다. 그러나 지역구 전체의 이익과 관련된 사업을 특정 마을의 님비 현상에 편승하여 처리할 경우 오히려 표를 빼앗길 수 있다. 주민의사를 존중하겠다는 약속은 원칙적인 수준이었으며, 지지를 조건으로 하지도 않았다. 조 후보가 주민들의 집단반발을 무마한 것은 사실이지만, 그 때문에 반대파들이 지지층으로 돌아섰다고 볼 수 있는 증거도 없다. 이 점에서 재판부의 단정은 일방적이고 편파적이었다.

둘째로 "피고인은 선거를 위하여 당초 자신이 기획·추진하였던 음식물자원화시설의 설치 사업에 관하여 스스로 책임지지 못할 약속을 하였고, 위 사업의 중단 등 이로 인한 막대한 파장이 아직도 존재"(17쪽)한다는 것이다. 이 지적은 '사실'의 문제가 아닌 '당위'의 문제로서 재판부의 잘못된 선입견이 판결에 반영되어 있음을 입증한다. 재판부는 공직자라면 자신이 입안한 업무계획만큼은 일관성 있게 추진해야 한다고 생각하는 것 같다. 그러나 정책 자체가 잘못되었거나 주민 반발이 있을 경우에는 마땅히 재검토하는 것이 필요할 것이다.

이와 같은 사실에서 볼 때 피고인의 행위가 선거운동과 관련이 전혀 없다고 보기도 어렵지만, 지역주민들을 회유하여 득표로 연결하기 위한 적극적인 목적 활동이라고 간주하는 것 역시 온당하지 않다.

재판부는 '정상적인 정당활동'이라는 예외규정을 지나치게 축소 해석하면서도, '선거운동' 및 '탈법방법에 의한 문서배부'는 지나치게 확대 해석함으로써 상식을 일탈하였다. 대법원은 마땅히 재판부의 잘못된 선입견으로 인한 사실의 변형과 왜곡을 바로잡아야 할 것이다. (2005.04.18)

윤두환 당선자와 한나라당의 과제

지난 10월 26일에 실시된 재선거에서 한나라당은 네 군데 모두 승리함으로써 향후 정치일정의 주도권을 잡을 수 있게 되었다. 특히 울산 북구 재선거에서 윤두환 후보는 민주노동당의 정갑득 후보를 1,793표 차이로 물리침으로써, 울산지역에서 한나라당의 정치적 입지를 더욱 확고하게 하였다. 한나라당 윤두환 후보의 당선을 진심으로 축하하면서 우리는 이번 선거의 의미와 한나라당의 향후 과제를 짚어보기로 한다.

지난 16대 국회의원으로 활동하였던 윤두환 후보가 17대 총선에서 패배한 가장 큰 원인은 아마도 노무현 대통령에 대한 탄핵 후폭풍 때문이었을 것이다. 지역사회에서 비교적 평이 좋았던 그의 정치적 노력에도 불구하고 몰아치는 일방적인 여론과 민주노동당의 급부상에 직격탄을 맞았던 것이다. 북구주민들이 지역발전에 무게를 두었던 윤두환 후보를 다시 선택한 것은 그만큼 더 큰 의미를 갖는다.

이번 북구 선거에서 한나라당이 승리할 수 있었던 가장 큰 이유는 두 가지로 압축될 수 있다. 하나는 윤후보가 공천 스캔들에서 비교적 빨리 벗어난 반면에, 민주노동당은 특정 이해집단의 대표를 전략적으로 공천함으로써 지역유지들의 반감을 자극한 데서 찾을 수 있다. 다른 하나는 천정배 법무장관이 검찰 지휘권을 발동함으로써, 노무현 정권이 너무나 자주 국가의 정체성을 혼란하게 한다는 여론이 형성되었고, 그것이 결국 한나라당에 대한 지지 확산으로 귀결되었던 사실에 있다.

이번 선거 초반에 한나라당은 공천 문제로 불필요한 위기를 초래하였다. 한나라당 지도부의 전략 공천 문제가 나왔을 때 뜻있는 이들은 경악할 수밖에 없었다. 주민들의 의사를 무시하고 지역구가 다른 사람을 전략 공천하겠다는 당지도부의 발상은 한심하기조차 하였다. 전략 공천의 대상자로 거론되었던 인물은 본인 자신도 모르는 일이었다고 한다. 그래서 차기 선거에서 그의 정치행보를 두려워한 사람들이 일을 꾸몄다는 음모설이 나돌기도 하였다.

지금까지 한나라당 울산시지도부는 누구를 공천하든지 무조건 당선될 수 있다는 자만심에 차 있었다. 그러나 이번 북구 선거에서 만일 한나라당이 지역 주민의 의사를 무시하고 전략 공천을 했더라면 어떤 결과가 나왔을지는 너무나 뻔한 일이었다. 울산에 살면서 성실하게 정치활동을 하고 있는 지역인사들도 많다. 그런데도 이런 분들이 공천에서는 배제되고, 울산에 살지도 않은 사람들에게 낙하산을 타게 하는 경우도 많았다. 물론 이분들은 학력이나 사회경력이 좋을지는 모른다. 그러나 지역사정에 밝지 못한 그들은 부도덕한 사람들과의 연결고리에 쉽게 빠져들 수 있는 위험도 크다. 한나라당 울산시당지도부는 더 이상 자만하지 말고 우리 지역 사정에 밝은 참신하고 훌륭한 인재를 발탁해 주기 바란다.

이번 선거전은 매우 치열하였다. 당지도부가 출동하여 총력전으로 치러졌으며, 지역당의 인사들도 대거 선거에 동원되었다. 그 때문에 일부 시민단체들이 시의원과 구의원들의 선거운동을 문제 삼아서 세비 반환을 촉구하는 해프닝도 있었다. 그러나 선거는 모든 당사자들이 나서서 소신을 밝힐 수 있는 축제가 되어야 하기 때문에 이들의 주장은 온당하지 않다.

윤두환 후보의 당선을 계기로 하여 한나라당 울산시지도부는 공약사항들에 대한 대대적인 점검에 착수하기 바란다. 윤후보는 경주시가 핵 방폐장 유치에 성공할 경우에 이를 적극 저지할 것이라고 천명하였지만, 만일 주민투표에서 찬성률이 높고 정부가 이를 반영하여 최종후보지로 선정하였을 경우에 더 이상 막을 수 있는 방법은 없을 것이다. 그렇더라도 윤후보는 없었던 일처럼 어물쩍 넘기지 말고 지역주민들과 논의해 줄 것을 당부한다.

지난 총선과 지방선거에 나온 울산지역의 모든 정치인들이 신고리 원전 추가건설 반대를 공약으로 제시한 바 있다. 그러나 현재 신고리원전 1, 2호기는 건설 중에 있고 머지않아 3, 4호기도 실시설계에 들어갈 예정이다. 우리 지역 정치인들은 원전 건설을 저지하는 데 실패한 것처럼 보이지만, 어느 누구도 이 문제에 대하여 책임 있게 해명하고 있지 않다. 윤두환 후보의 재당선을 계기로 하여 한나라당 울산시지도부는 최소한 울산지역을 통과하는 지진대에 대해서라도 면밀한 조사를 실시할 수 있도록 정치적 노력을 기울여야 할 것이다.

강정구 교수의 친북발언 파문과 맥아더 동상철거 주장 등 최근의 한국상황에 대하여 진보적인 민주당 소속의 힐러리 의원조차도 우려를 표명한 바 있다. 학문의 자유와 사상의 자유는 철저하게 보장되어야 하지만, 거기에는 반드시 의무와 책임이 수반된다. 현행 법 체계에 위반되었을 경우에는 당연히 처벌을 감수해야 하는 것이다. 현재 영장실질심사제도가 아무런 제약 없이 운영되고 있는 상황에서 천정배 법무장관이 특정 사건에 대하여 지휘권을 발동한 것은, 그것이 비록 합법적인 것이라고 하더라도 매우 부적절한 처사였다. 노무현 정부와 열린우리당은 지금까지 이런저런 일로 인하여 국가의 근본을 뒤흔들어 왔으며, 이 때문에 국민들은 매우 혼란스러워 하고 있다. 그동안 재선거와 보궐선거에서 열린우리당이 연패한 것은 바로 그 때문이다. 그러다가 지금 노무현 정부는 열린우리당을 제쳐두고 한나라당과의 연정에 매달리고 있다. 이러한 시국에 대하여 한나라당은 무조건 반대할 것이 아니라 조기선거의 요구 등 보다 적극적인 대책을 수립해야 할 것이다.

특히 정치권에서 권력구조의 개편 문제가 논의될 경우에 한나라당은 4년중임제보다는 3년중임제를 적극 검토해주기 바란다. 잘못된 정권이 탄생하였을 때 국민들이 3년 이상을 참아내는 것은 너무나 큰 고통이라는 사실을 실감하고 있기 때문이다. 그리고 우리 실정에서 아무리 잘하더라도 6년을 넘겨서는 안 된다고 생각한다.

다시 한 번 윤두환 후보의 당선을 축하한다. 당선자는 북구주민들이 비교적 큰 표차로 다시 선택해 준 이유를 되새김으로써 언제나 초심을 잃지 않기를 바라마지 않는다. 선거철에는 주민들에게 엎드려 호소하면서도 당선 후에는 주민들 위에 군림하려는 그런 잘못된 위정자들도 있기 때문이다. 백운산 골프장 건설을 저지하기 위하여 상임대표로 활동하였던 필자는 실제로 모 자치단체장을 만나기 위하여 세 차례나 면담신청을 하였으나 모두 거절당한 전례가 있다. 윤 당선자는 언제나 지역주민들을 두려워하는 일꾼이 되기를 빌어마지 않는다. 이번 공천 스캔들을 계기로 하여 한나라당 울산시지도부가 우리 지역을 위하여 애착을 가지고 일할 수 있는 참신하고 유능한 인재들을 등용할 수 있도록 노력함으로써, 울산 시민의 삶이 보다 안정되고 평안하게 유지될 수 있도록 헌신해야 할 것이다. (2005.10.24)

박맹우시장에게 듣는다

2006년 3월 10일, 울산CBS 시민기자단의 출범을 앞두고 박맹우 울산광역시장을 방문해 시정 현안 전반에 대한 대담을 가졌다. 대담자: 김 진(울산CBS시민기자단장, 울산대 교수), 박맹우(울산광역시장)

김교수 : 안녕하십니까? 요즈음은 선거철이라 시간 자체가 금싸라기 같을 터인데, 그 소중한 시간을 할애해주셔서 감사합니다. 2000년 11월 29일 개국한 울산기독교방송(CBS)이 3월 10일(금), 시민기자단을 발족했습니다. 시민기자단은 정규 언론사와 연대하여 제도권의 언론이 다루지 못한 부분들을 심층적으로 보도하는 것을 목적으로 하고 있습니다. 뿐만 아니라 기성 정치권이나 시민단체가 간과했던 문제들도 다루게 될 것입니다. 우리 모임이 시장에게 가장 무서운 적이 될지도 모릅니다. 울산지역에서는 처음 있는 이번 시민기자단의 출범에 대하여 어떻게 생각하시는지요?

박시장 : 먼저 울산CBS시민기자단 발족을 진심으로 축하합니다. 시민기자단의 출범으로 인터넷매체인 울산노컷뉴스가 활성화될 것으로 기대합니다. 시민기자들의 관심은 제도

권 언론인들과 다를 수 있다고 생각합니다. 김교수께서 지적하신 것처럼 20여 명의 시민기자들이 활동을 시작한다는 점에서 활동 반경이 큰 저로서는 큰 부담을 느끼지 않을 수 없습니다. 그러나 잘못된 점은 서로 고쳐나가고 좋은 일은 서로 칭찬하고 권장해줄 수 있다는 점에서 두려움과 기대를 동시에 갖게 됩니다. 특히 기사 마감시간에 쫓겨야 하는 제도권의 언론보다는 사건의 진실에 더 가깝게 접근할 수 있는 장점도 있다고 생각합니다. 그리고 우리주변에는 알려지지 않은 아름다운 일들이 참으로 많이 있습니다. 이들을 찾아내어 널리 전파함으로써 밝고 바른 사회로 이끄는 등, 비판과 칭찬 기능이 조화되었으면 하는 바램입니다. 앞으로 시민기자단의 왕성한 활동을 기대합니다.

김교수 : 감사합니다. 저희들도 열심히 하겠습니다. 얼마전에 행정학 박사학위를 취득하신 것으로 알고 있습니다. 행정고시로 공직생활을 시작하여 울산시의 주요 보직을 두루 거치면서 행정의 달인으로 평가받고 계신데, 또 어떤 생각을 하시고 박사학위까지 취득하셨습니까?

박시장 : 이번에 『지방정부 조직진단 모형정립과 적용』이라는 논문으로 박사학위를 받았습니다. 시정이 워낙 복잡하고 다양하다 보니 얽히고설킨 지역현안을 해결하기 위해 밤을 설쳐야 하는 경우도 많은 가운데 시간을 쪼개어 박사과정을 이수해야 했기 때문에 그 어려움은 실로 말로 형언키 어려웠습니다. 그러나 중앙과 지방정부를 두루 거치면서 많은 일을 하면 할수록 현장행정에 대한 이론적 뒷받침의 필요성을 절실히 느꼈기 때문에 행정고시를 준비하던 시절의 뚝심

으로 도전했습니다. 무엇보다도 가족은 물론이고 함께 공부한 대학원생들, 그리고 지도교수님들의 한결같은 협조와 지원이 있었기에 가능하지 않았나 생각합니다.

김교수 : 어쨌든 대단한 일입니다. 박시장님이 행정에 밝은 분이라는 것에 이의를 제기하는 사람은 없을 듯합니다. 다만 요즈음의 광역자치단체장은 행정가의 기능뿐만 아니라 정치인으로서의 자질을 요구받고 있는데, 자신의 정치력에 대하여 어떤 평가를 내리시겠습니까?

박시장 : 일부 언론에서 저를 정치인보다는 행정가라고 평가하고 있는 것 같습니다. 물론 저는 행정고시를 통하여 공직생활에 들어섰고 지금까지 대부분의 시간을 행정 분야에서 일했던 것이 사실입니다. 그러나 4년 전에 저는 이미 울산광역시장으로 선출되었으며, 그 동안 소임에 최선을 다하면서 사회 각계각층 구성원들의 능력을 최대한 이끌어 내고, 또한 공감대를 형성하여 시정을 성공적으로 꾸려왔습니다. 제게 정치력이 없었다면 이는 불가능한 일입니다. 기업을 유치하기 위해 서울로, 해외로, 기업체로 수없이 뛰어 다녔으며, 환경을 개선하기 위해서 동분서주한 결과 태화강이 생명의 강으로 탈바꿈하는 등 최악의 공해도시에서 최상의 생태도시로 변모하고 있습니다. 또한 미래 울산의 청사진이자 활력이 될 국립대학 설립, 경부고속철도 울산역 유치, 수도권소재 공공기관 울산이전과 혁신도시 건설 등 울산의 지속발전을 위한 신 성장 동력사업도 마련했으며, 국가예산도 1조원대를 돌파했습니다. 이런 일들은 결코 저 혼자의 힘으로 이루어 낸 것이 아닙니다. 시민단체는 물론이고 여·야 정파를

떠나서, 110만 시민들이 역량을 결집한 결과라고 생각하며, 저는 시민의 잠재력과 에너지를 인정하고 이를 한 데 모을 수 있는 힘과 능력, 이것이야말로 시장으로서 갖추어야 할 정치력이라고 이해하고 싶습니다.

김교수 : 맞습니다. 광역시장직 자체가 행정가와 정치인의 자질을 동시에 요구하기 때문에, 그 중 하나가 결여되었다면 시정을 성공적으로 이끌 수가 없었겠지요. 선거철이기 때문에 직접적으로 관련된 화두는 가급적 피하겠습니다. 얼마 전에 광주광역시에 갔을 때 우연히 MBC방송의 로고를 보았는데, 그곳에서는 '문화수도'를 표방하고 있었습니다. 다른 것은 몰라도 문화에서 만큼은 우리나라에서 대표적인 도시가 되겠다는 의지의 표현인 것 같습니다. 우리 울산은 '산업수도'를 표방할 수 있겠지만 어쩐지 그것마저도 자신감이 없는 것 같습니다. 시장께서는 2006년 울산의 캐치프레이즈를 "역동의 산업수도, 에코폴리스 울산"으로 내세우셨는데, 그것으로 우리나라의 최고봉을 이루어내실 수 있겠습니까?

박시장 : 우리 울산시가 산업수도인 것은 분명합니다. 우리 시민들이 자긍심을 가질 수 있도록 울산MBC도 광주MBC처럼 '산업수도 울산'이라는 로고를 달아주면 좋겠습니다. 울산시는 우리나라 근대화를 이끌어 왔고, 지금도 국가경제발전의 심장 역할을 하고 있습니다. 그러나 국가경제를 떠받치고 있는 자동차, 조선, 석유화학 등 3대 주력산업이 성숙기 또는 성장 후반기에 있기 때문에 새로운 성장 동력을 발굴하지 않으면 우리 울산의 미래를 보장할 수 없다는 현실적인 어려움이 있습니다. 울산은 기업 없이는 단 하루도 존재

할 수 없는 도시입니다. 기업이 곧 울산이며, 미래도 기업에 달려 있습니다. 그래서 기업을 위한 시책을 시정의 최우선 과제로 삼고 있습니다. 그 결과, 지난 4년 동안 대우버스와 현대중공업, SK 등 국내 75개사에서 2조 2천억원의 투자를 유치했고, 13개국 29개 업체에서 2억 4천만불의 외자를 유치했으며, 지금도 기업유치와 공단개발에 사활을 걸고 있습니다. 국민소득 2만불을 넘어 3만불을 견인할 수 있는 저력을 가진 유일한 도시, 수 년 내 1,000억불의 수출고를 달성할 수 있도록 기업의 생산 활동을 중점적으로 지원할 생각입니다. 그러나 공단의 확장은 필연적으로 환경문제를 불러 일으켜 왔습니다. 그래서 저는 산업화와 환경보존을 동시에 이루어 내는 것이야말로 울산시의 성장 목표라고 생각해왔습니다. 그 결과 태화강이 다시 살아났습니다. 사람들은 태화강의 부활을 청개천의 복원만큼이나 크게 평가하고 있습니다. 30년 만에 태화강에서 다시 멱을 감을 수 있게 되었고, 철새와 연어의 도래지로 거듭나고 있습니다. 시와 기업이 4조8천억원을 생태조성에 투자한 결과 하늘이 깨끗해지고, 물이 맑아졌습니다. 우리가 조금만 신경을 쓰면 울산의 미래 세대들에게 깨끗한 환경을 물려줄 수 있습니다. 저는 울산이 우리나라의 산업수도로서 확고한 위치를 다지면서 산업과 환경이 공존하고 사람과 자연이 상생하는 생태환경도시가 될 수 있도록 노력할 생각입니다. 우리 울산이 한국과 아시아를 뛰어넘어 세계적 경제신화 창조의 도시, 환경 선진도시로 거듭나게 될 것임을 확신합니다.

김교수 : 태화강의 발원지로 알려진 백운산 북쪽기슭을 파

헤쳐서 대형골프장과 300여개의 콘도시설을 유치한다는 울주군의 프로젝트에 대하여 제가 본의 아니게 개입한 적이 있습니다. 사실 개발논리가 항상 틀린 것도 아니어서 도덕적이고 합리적인 준거를 세우는 것 자체가 매우 어려운 일인데, 어쨌든 그 당시에 저는 울산 에코폴리스 정책이라는 맥락에서 시장님의 결단을 촉구한 사실이 있고, 시장께서는 개발논리보다는 환경보존에 더 큰 의미를 부여하셨습니다. 그러나 솔직하게 말씀드리면 일반적으로 정치적 논리만으로 보면 무척 힘든 결정이었는데, 어떻게 그것이 가능하셨는지요?

박시장 : 시장으로 취임할 때나 지금이나 저는 여전히 시장이라는 자리는 누리는 자리가 아니라 시민과 울산의 미래를 위하여 봉사하는 자리라고 생각해 왔기 때문에 업무를 처리할 때 법의 테두리 내에서 원칙과 상식을 바탕으로 결정하고 집행해 왔다고 자부합니다. 작년 6월에 울주군에서는 백운산 기슭의 골프장 건설이 타당하다는 의견을 제시했습니다만, 대곡댐과의 거리라든지 현행 도시기본계획 등 여러 가지 정황을 고려하여 골프장 건설이 타당하지 않다는 결론을 내렸습니다. 물론 일부 주민들은 이러한 결정을 두고 잘못된 판단이라고 오해를 하기도 했습니다만, 지금은 모두가 옳은 결정이었다고 이해하고 있는 것으로 듣고 있습니다.

김교수 : 지난 해 전국체전에서 태화강은 우리에게 전혀 다른 가능성으로 다가선 것이 사실입니다. 우리 시민들뿐만 아니라 우리나라 국민 모두가 놀랐을 것입니다. 그런데 산업도시의 위상을 지키는 것도 어려운 일이겠지만, 그에 어울리는 교양과 문화를 갖춘 도시를 가꾸는 일은 그리 쉽지 않을

듯합니다. 단적인 예로서 우리는 해마다 처용문화제를 둘러싼 논쟁에 빠지곤 하는데, 그것은 처용문화제 자체가 울산시민의 정서를 한 데 아우르지 못하고 있기 때문일 것입니다. 부산의 국제영화제나 광주의 비엔날레는 이미 세계적인 명성을 얻고 있는데, 우리는 아직 그렇지 못합니다. 환경생태와 관련한 축제나 뮤지칼 축제같은 파격적인 것을 꾸려볼 생각은 없으신지요?

박시장 : 우리 울산에도 많은 문화행사가 연례적으로 개최되고 있습니다만, 솔직히 말씀드려 울산의 대표축제로 내세울만한 것이 없는 것이 사실입니다. 처용문화제는 처용이라고 하는 이미지가 무속적이고 토속적 성격이 너무 강하여 울산의 정체성을 제대로 담아내지 못한다는 지적이 많고, 다른 축제도 대중적 공감을 형성할 수 있는 다양성이 부족하다는 이야기를 많이 듣고 있습니다. 그러나 우리지역에는 고래, 반구대, 산업기반 등 잘 만 살리면 국제적 축제로 키울 수 있는 많은 소재를 가지고 있습니다. 이러한 자원들을 활용한 대규모의 축제개발을 위하여 시민공모도 거치고, 전문기관에 용역을 의뢰하기도 했습니다만, 제시된 축제들이 대중적 관심을 이끌어 내기에는 다소 한계가 있는 것 같아 좀 더 시간적 여유를 가지고 모든 시민이 공감하면서도 국제적 규모에 걸맞는 축제를 개발하기 위해 다각도로 노력하고 있습니다.

김교수 : 울산사람들의 마음과 뜻을 형상화할 수 있는 새로운 축제가 하루 속히 모습을 드러낼 수 있으면 좋겠습니다. 울산국립대의 부지가 언양 반연지구로 확정되면서 그 윤곽이 드러나기 시작했습니다. 시장께서도 고생을 많이 하셨는

데, 그 동안 제일 힘들 때는 언제였습니까?

박시장 : 천신만고 끝에, 작년에 대학구조조정이라는 어려운 여건을 극복하고 110만 시민의 최대숙원이었던 울산국립대학 설립을 이끌어 낼 수 있었고, 지난 2월 24일에 언양의 반연지구를 대학설립부지로 최종 확정했습니다. 이 자리를 빌어서 110만 시민의 협조와 성원, 그리고 노무현 대통령의 용단에 다시 한 번 감사드립니다. 또한, 울산국립대설립준비위원과 울산국립대학설립범시민추진단, 국립대학설립후보지 선정위원들에게도 그 간의 노고에 대해 심심한 감사를 드립니다. 이러한 결과를 가져오기까지 어려웠던 일들이 한두 가지가 아니었는데 그 중에서도 부경대와 한국해양대의 이전이 정치논리와 지역이기주의에 막혀 무산된 것이 못내 아쉬웠습니다만, 오히려 그것이 전화위복이 되어 국립대의 신설이라는 더 큰 수확을 거둘 수 있었습니다. 그리고, 부지선정과정에서는 서로 자기지역으로 국립대학이 유치되어야 한다는 주장들로 인하여 자칫 지역의 분열과 주민간의 갈등을 초래할 우려도 있었습니다만, 모든 과정을 투명하게 공개하고 공정한 심사를 거친 결과, 탈락지역의 주민들이 반연지구로의 최종 결정에 대해 깨끗이 승복하고 오히려 축하를 보내는 용기에 크게 감동하면서 역시 울산시민은 위대하다는 사실을 새삼 깨닫게 되었습니다.

김교수 : 울산시민이면 모두가 국립대의 성공을 염원하고 있습니다. 그런데 현재의 조건만으로는 다른 지역의 국립대 수준을 따라가기에도 역부족이지 않나 하는 회의적인 반응도 만만치 않습니다. 어떻게 생각하십니까?

박시장 : 앞으로 국립대학은 특성화된 독립법인 형태로 운영하고자 하는 것이 정부의 대학정책입니다. 그리고 그 표준모델이 바로 울산국립대학이기 때문에, 정부에서는 울산국립대학을 명문대학으로 발전시키지 않고는 기존의 국립대학을 법인화 할 수 없다는 절박한 인식을 가지고 울산국립대학을 지원할 것으로 알고 있습니다. 또한, 울산시민들도 국립대학에 대한 기대가 클 뿐만 아니라, 대학발전에 일조하겠다는 강한 의지를 가지고 있고, 그러한 의지를 가지고 국립대 유치과정에 힘을 모아 주었습니다. 지금은 대학정원이 응시자보다 오히려 많기 때문에 국립대학이라는 간판만 내 건다고 해서 저절로 좋은 교수와 학생들이 모이지 않습니다. 그래서 특단의 노력이 필요합니다. 앞으로 지역전략산업과 연계한 학과선정, 대학발전기금 조성, 산학연 클러스터 형성, 아카데미폴리스 개발 등 명문대학 육성을 위하여 지역의 모든 주체들과 함께 혼신의 노력을 다하여 작지만 강한 명문대학으로 성장할 수 있는 바탕을 만들어 내겠습니다.

김교수 : 제가 울산대에 몸담고 있어서가 아니라, 울산시와 울주군이 국립대를 유치하는 데만 신경을 써서 국립대 발전기금을 모금하고 있습니다. 매우 신나는 일입니다. 그러나 상대적으로 울산대 식구들은 박탈감을 느끼고 있습니다. 울산대는 지금까지 현대중공업이 지원해왔지만, 노사문제 등으로 인하여 재단이사장이 전과 같이 마음대로 지원할 수 있는 형편이 아닙니다. 특히 우리나라의 사립대학은 정부의 지원에서 배제되고, 학생들로부터 등록금을 동결하라는 요구에 시달리고 있습니다. 거기다가 기여입학제 같은 것도 원천봉

쇄하고 있는 상황이라 대학발전을 이루어낼 기금 마련이 어려운 실정입니다. 거기에다가 울산시의 경우, 울산대는 현대중공업이 있기 때문에 우리가 도울 필요가 없다고 말합니다. 그러나 울산대 출신들이 다수인 우리 시민들은 울산시가 국립대만 일방적으로 지원하는 것은 잘못이라고 생각하고 있습니다. 이에 대한 시장님의 생각은 무엇입니까?

박시장 : 그 동안 울산의 백년대계가 걸린 울산국립대 유치에 혼신의 힘을 쏟아 부은 것은 주지의 사실입니다만, 그렇다고 지금의 울산대학교에 대한 관심과 지원을 소홀히 한 적은 없습니다. 울산대학교가 울산의 유일한 종합대학으로서 인재육성과 연구개발을 통한 지역산업발전은 물론, 역동적인 문화창달에 기여한 공이 매우 크다는 것은 누구도 부인하지 못할 것입니다. 또한 앞으로 국립대학이든 현재의 울산대학이든 어느 한 대학만의 일방적 성장은 울산발전에 결코 도움이 되지 않을 것입니다. 우리시에서는 울산대학교를 중심으로 자동차선박기술대학원을 설립하여 성공적으로 운영하고 있고, 누리사업은 물론, 2단계 BK사업 등의 명목으로 매년 20억원 정도의 예산을 지원하고 있습니다. 앞으로도 신설되는 국립대학은 물론, 울산대학교에 대해서도 관심과 지원을 아끼지 않을 것이며, 특히 두 대학이 Win-Win의 상생적 동반 발전을 위한 협력관계가 유지될 수 있도록 모든 노력을 다 하겠습니다.

김교수 : 울산대학교 식구들이 좋아할 것 같습니다. 화제를 바꾸도록 하겠습니다. 지금은 웰빙시대이잖습니까? 여성분들이 다이어트하고 몸매를 가다듬는 것쯤으로 생각하는

경향이 있는데, 사실은 건강하고 바른 생각과 행동을 함으로써 웰빙사회가 만들어질 수 있습니다. 아주 최근에 김용옥씨 같은 철학자가 철학의 대중화에 기여하면서 서울이나 대구, 광주 등에서는 철학강의가 대중적인 인기를 얻고 있습니다. 우리 울산에서는 아직 생각할 수도 없는 부분이지요. 지도교수를 뵈러 뮌헨에 간 적이 있는데, 마침 교수님께서는 마을 사람들을 모아놓고 난해한 철학강의를 하고 있었습니다. 그 난해한 강의를 듣는 사람들이 매우 흡족해하는 모습을 보고서 저는 국력의 차이를 느낀 적이 있습니다. 시장님은 대학에서 철학 강의를 들은 경험이 있습니까?

박시장 : 대학시절 교양과목으로 철학 강의를 들은 이후로는 아직 접해보지 못했습니다만, 철학서적은 종종 구입하여 탐독하고 있습니다. 철학이라고 하면 다들 어려운 학문이라고 생각하시는데, 세상만물의 생멸이나 인생, 지식 등에 관한 근본원리를 다루고 있기 때문에 읽으면 읽을수록 재미가 느껴집니다. 김교수님도 철학을 강의하고 계시는 것으로 알고 있습니다만, 누구나 쉽게 접근할 수 있는 생활철학의 보급에 더욱 힘써 주셨으면 합니다.

김교수 : 감사합니다. 지금 시장님의 공천 경합을 벌이고 있는 이채익 전 남구청장이 잘 한 일 가운데 저에게 인상적인 것은 '한마음대학'을 지금까지 꾸려온 것이었습니다. 저는 아직까지 초청받지는 않았으나, 울산지역의 강좌들 가운데서는 가장 훌륭한 것이 아닌가 생각됩니다. 저는 울산시가 국립대학을 유치하는 것도 중요하다고 생각하지만, 그 보다는 기초자치단체에서 시행되고 있는 각종 교양프로그램을

적절하게 운영할 수 있도록 관리감독을 철저하게 하는 것도 매우 중요하다고 생각합니다. 각종 프로그램들이 지금은 거의 방치된 상태에서 운영되고 있는 것 같습니다. 교육전문가들이 프로그램을 개발하여 시민들의 교양지수를 높여나갈 수 있도록 신경을 써야 하지 않나 생각이 듭니다.

박시장 : 구·군별로 시민들을 대상으로 하는 교양강좌는 남구의 "한마음대학"을 비롯하여 몇 개가 되는 것으로 알고 있고, 울산대학교에서도 평생교육원을 개설 운영하는 등 대학별로도 다양한 시민교양 강좌를 개설 운영하고 있는 것으로 알고 있습니다. 이것을 전반적으로 조정한다거나 관리 감독을 하기보다는, 구·군별로 창의적이고 차별화된 프로그램을 개발할 수 있도록 행·재정적인 지원을 하는 것이 바람직할 것이며, 또한 그렇게 하고 있습니다. 그러나 이러한 강좌는 시민들의 다양한 지식 축적이나 교양 제고를 위한 것인 만큼 본래의 취지에 맞게 운영될 수 있도록 만전을 기하겠습니다. 앞으로 구·군의 좋은 시책에 대해서는 더욱 발전할 수 있도록 지원을 강화하고, 시정에도 반영하여 전체 시민에게 유익한 교육프로그램이 확산 보급되어 시민들의 교양지수를 높여갈 수 있도록 적극 노력하겠습니다.

김교수 : 그래서 시민기자단이 출범하면 해마다 구·군의 복지센터 및 주민자치센터의 교육프로그램, 강사의 자질, 교육과정 등에 대한 평가를 실시하여 개선될 수 있도록 자극을 줄 생각도 해 봅니다. 이 문제에 대하여 어느 정도 관심을 가지고 계신지, 그리고 평가시 행정적으로 도와주실 의향도 있으신지요?

박시장 : 시정은 투명하게 공개되어야 하는 것은 당연합니다. 그리고 계획, 집행, 평가의 모든 과정에 시민의 참여가 보장되어야 하는 것도 당연하기 때문에 시민생활과 밀접한 분야에 대한 시민기자단의 시정평가는 물론이고 건설적인 대안 제시 등도 크게 환영합니다. 시민기자단이 시민교육 프로그램에 대한 평가를 실시할 경우에 행정적인 지원을 아끼지 않겠습니다. 공익적인 활동을 하는 단체라면, 시민기자단뿐만 아니라 시민단체의 활동에 대해서도 적극 지원하겠습니다.

김교수 : 시장께서는 시민단체 대표들과 하룻밤을 함께 묵으면서 진솔하게 대화를 나누고 계신 것으로 알고 있습니다. 굉장히 바람직한 일이라고 생각합니다. 그러나 노파심에서 말씀드리면 항간에는 무늬뿐인 시민단체가 많다고 합니다. 시장님께서는 이런 모임을 가지실 때 시민단체 대표들의 생각과 발언이 어느 정도 시민들의 의사를 반영하고 있다고 생각하시고, 또한 그렇게 판단하시는 근거는 무엇입니까?

박시장 : 우리시에 등록된 단체만 하더라도 200개가 넘을 정도로 많은 단체가 활동하고 있습니다. 우리시에서는 매년 NGO대표와 공무원 및 의회의원이 함께하는 1박 2일의 워크숍을 개최하면서 저도 함께 참여해 왔습니다. 그 밖에 시민단체뿐만 아니라 상공단체, 교육단체, 보훈단체, 여성단체, 종교단체 등 분야를 가리지 않고 다양한 유형의 만남을 통하여 많은 이야기를 듣고 있습니다. 물론 일부 단체의 경우에는 일방적인 주장을 하는 경우도 있습니다만, 이는 쌍방간에 충분한 대화가 부족한 것이 원인이라고 생각합니다. 중요한 것은 여러 단체와 많은 이야기를 듣고 종합하다보면 민의의

소재를 짐작할 수 있음은 물론, 행정에서 미처 생각하지 못한 정책 아이디어나 건설적인 대안이 제시되기도 하고, 공무원 스스로가 느끼지 못하는 잘못에 대한 비판을 듣고 바로잡기도 합니다. 과거에 시민단체를 비판만 하는 것으로 인식하고 만남을 꺼려한 적도 있었습니다만, 지금은 건전한 비판자이자 정책조언자, 행정의 감시자, 시민의 대변자로 생각하고 오히려 제 편에서 시민단체와의 만남을 만들고 있다는 말씀을 드리고 싶습니다.

김교수 : 시장께서는 상대적으로 여성분들에게서 많은 인기와 지지를 얻고 계시는 것으로 알려져 있는데, 혹시 비결이 있으신지요? 그리고 여성층의 지지에 상응하는 정책을 마련한 적이 있으신지요?

박시장 : 특별한 비결은 없으며, 여성을 의식하여 특별한 정책을 마련한 적도 없습니다만, 여성층에서 많은 인기와 지지가 있다고 하니 듣기는 좋습니다. 그러나 여성들의 전반적인 사회적 지위향상과 함께 사회참여가 점차 확대되고 있고, 또한 다양해지고 있어서 여성정책의 개발이 시급한 실정에 있다고 하겠습니다. 이제는 여성을 특별한 보호대상이라고 생각하는 그 자체가 여성에 대한 편견에서 출발하는 발상이라고 봅니다. 그래서 누려야 할 권리 못지않게 책임을 져야 할 의무까지도 여성의 몫이라고 생각하고 여성정책의 중점을 여성의 잠재력 개발이나 활동영역의 확장에 두고 있습니다. 울산발전연구원에 여성가족정책센터를 개소하여 여성의 권익신장 방안을 연구하게 하고, 여성의 취업이나 사회활동을 보장하기 위하여 보육시설의 확대와 능력개발에 많은 투

자를 하고 있습니다.

김교수 : 울산시의 경제적, 재정적 역량에 비추어 볼 때 정치적, 문화적, 교육적 지위는 그리 높지 않은 것 같습니다. 시장께서는 원로회의 같은 것을 생각하고 계시는데, 그런 것들은 자연스럽게 만들어지는 것이고 해서, 그보다는 문화와 교육, 환경 등의 문제에 대하여 획기적인 발전 방안을 모색할 수 있는 지도적인 그룹을 생각해 보시는 것이 어떻겠습니까?

박시장 : 지식정보화가 급속히 진전됨에 따라 행정을 둘러싸고 있는 모든 환경이 급변하고 있어 공무원들의 사고가 사회의 변화를 따라가지 못하는 경우가 많습니다. 그래서 저는 취임하자마자 전문가의 의견을 구하고 이를 시정에 반영하기 위하여 전문 분야별 정책자문단을 구성·운영해 왔으며, 지금까지 많은 조언과 자문을 받고 있습니다. 앞으로도 울산의 취약분야를 보완하고 발전시킬 수 있는 방안을 모색하기 위해 해당분야의 전문가로 구성된 지도자 그룹을 구성해서 운영해 보는 방안을 검토해 보겠습니다.

김교수 : 여담입니다만, 만약 시장에 재임된 상태에서 울산국립대의 초대 총장으로 시장님을 모시는 분위가 만들어지면 어떻게 하시겠습니까?

박시장 : 울산국립대는 그냥 일반적인 대학이 아니라 포항공대나 미국의 MIT에 버금가는 국제적 명문대학으로 육성되어야 합니다. 그러기 위해서는 우수한 교수진과 학생을 유치하는 것이 매우 중요한 데 그런 의미에서 총장 중에서도 초대총장의 임무가 막중합니다. 그래서 초대총장은 이름만 들어도 알 수 있을 정도의 석학이어야 할 것이고, 경영마인

드도 갖추고 있어야 할 것이며 산학연 클러스터 구축을 위한 연구·생산시설의 유치 교섭능력이나 졸업생의 취업 알선, 지역사회와의 친화력 등을 겸비한, 그야말로 큰 인물이어야 한다고 생각하기 때문에 저는 감히 꿈도 꾸지 못하고 있습니다. 다만 시장직을 떠나게 되면 행정을 하면서 터득한 경험과 지식을 후배들에게 전수해 주기 위해 어느 대학에서든 행정학을 강의할 수 있는 기회를 가졌으면 하는 바램은 있습니다.

김교수 : 시장께서도 5·31 지방선거 준비를 하고 계신데, 가장 큰 고비가 한나라당 공천과 본 선거가 아니겠습니까? 시장께서는 한나라당의 공천과정이 투명하고 공정하게 이루어진다고 보십니까? 최근에도 일부 공천위원들의 부적절한 처신이 잡음을 불러일으켰는데, 만일에 공천과정에서 부당한 사태가 빚어질 경우에 어떤 방식으로 대처할 생각이십니까?

박시장 : 한나라당은 우수한 인재들이 모여 합리적인 시스템에 의해 작동되고 있는 정당입니다. 다가오는 제4대 지방선거에 내세울 한나라당의 후보공천은 당헌·당규와 주민의 뜻에 따라 공정하고 객관적인 방법으로 이루어 질 것이기 때문에 공천과정에서의 부당한 사태가 초래될 것이라고는 생각조차 하지 않고 있습니다.

김교수 : 과거에는 낙천운동을 했던 시민단체들이 지금은 건전한 정책대결을 하는 방향으로 방향을 선회했습니다. 시장님께서 이번 선거에서 가장 중요하게 생각하고 있는 정책이 있다면 이 기회에 말씀해 주십시오.

박시장 : 울산은 기업 없이는 미래를 생각할 수 없는 기업도시입니다. 그래서 기업의 활력을 계속 유지하여 국가 경제

발전의 중심역할을 계속할 수 있도록 지역전략산업의 고도화와 첨단화를 지원하고, 기업인의 투자의욕을 북돋아 줌으로써 지역투자를 촉진시킬 수 있는 기업하기 좋은 환경조성에 최선을 다할 것입니다. 아울러 도시의 개발만큼이나 환경의 복원·보전도 중요하기 때문에 저의 선거캐치프레이즈는 “역동의 산업수도, 에코폴리스 울산”으로 함축할 수 있겠습니다.

김교수 : 정치하는 분들은 여럿이 어울려 골프같은 운동을 즐기는 것으로 아는데, 시장님께서 즐기시는 단체경기에는 어떤 것들이 있습니까? 그리고 혼자 계실 때 가장 즐겨하시는 일은?

박시장 : 예전에는 별로 운동을 좋아하지 않았는데 시장이라는 자리가 체력이 뒷받침되지 않으면 도저히 감당할 수 없는 고된 자리라는 것을 절감했습니다. 그래서 요즘은 주로 주윗분들과 함께 새벽 조깅을 즐기고 가끔씩은 울산의 미래를 걱정하는 분들과 함께 골프를 하면서 시정발전에 관한 이야기를 많이 나누고 있습니다. 그리고 저는 서울에 갈 때마다, 서점에 들러 책을 구입해서 틈날 때마다 읽고 있습니다. 책을 통해서 가보지 못한 곳을 보게 되고, 만져보지 못한 것을 손안에 넣게 되고, 느껴보지 못한 것을 체감할 수 있기 때문에 독서는 누구에게나 일상이 되어야 한다고 권장하고 싶습니다.

김교수 : 마지막으로 울산시민들이 시장께 바라는 사항들이 많듯이 시장께서도 울산시민들에게 바라는 사항도 있을지 모르겠습니다.

박시장 : 울산 사람임을 자랑스럽게 생각해도 좋을 만큼 울산은 축복받은 도시입니다. 과거의 울산이 우리나라 공업 입국의 선봉이었고 오늘의 울산은 국가경제 성장의 심장 역할을 하고 있습니다만, 결코 현재에 만족해서는 안 됩니다. 국경 없는 무한 경쟁의 시대에 도시가 활력을 잃지 않고 꾸준히 성장 발전하기 위해서는 오늘을 살아가는 우리가 항상 미래를 준비해야 합니다. 그리고 울산도 이제는 경제적 발전과 함께 질적 성장을 이루어야 할 시기입니다. 110만 시민이 울산을 아끼고 가꾸어 세계적인 도시로 성장할 수 있도록 힘을 모아 주시고 시정의 발전을 위해서도 변함없는 관심과 적극적인 참여를 당부 드리는 바입니다. 감사합니다.

김교수 : 장시간 동안 대담에 응해 주셔서 감사합니다. 앞으로 하시는 일, 바라시는 일들이 모두 잘 되시기를 빌겠습니다. 남은 임기 동안 울산시를 위하여 최선을 다 해 주시기 바랍니다. 감사합니다. (2006.03.07)

정갑윤 국회의원에게 듣는다

한나라당 울산시당 공천심사위원회가 후보자들에 대한 여론조사에 들어간 가운데 후보선정 기준 및 공천진행 과정을 점검해 보기 위하여 울산CBS시민기자단장을 맡고 있는 김진 교수(울산대)가 정갑윤 공천위원장(울산중구 의원)을 2006년 3월 17일 17시 30분부터 한 시간 동안 긴급 인터뷰했다.

김교수 : 안녕하십니까? 의정활동 하기에도 바쁘실텐데 공천심사위원장직을 수행하느라 힘드시지요?

정위원장 : 안녕하십니까? 김교수께서 우리 지역의 발전을 위하여 활동하고 계신 것을 높이 평가하고 있습니다.

우선 서론적인 이야기를 좀 하겠습니다. 저는 정치인으로서 국가의 미래를 걱정하고 민주주의의 발전을 위하여 노력하는 자세를 갖는 것이 중요하다고 생각하고 있습니다. 우리는 '정치가 나라를 망칠 수 있다'는 세간의 우려를 주의 깊게 들어야 합니다. 박대통령시대에 경제발전이 비약적으로 이루어졌지만 정치가 잘못되어 나라의 기반이 흔들렸고, 5공이 들어섰습니다. 전두환대통령 때 역시 국가가 정통성을 확보하지 못했기 때문에 프로야구를 만들고 통행금지를 해제하는 등 갖은 노력에도 불구하고 국민적 신뢰를 얻지 못했습니다.

김교수 : 정권의 정당성이 중요하다는 이야기지요?

정위원장 : 그렇습니다. 국가나 정부는 현재에 만족하지 말고 미래를 예측할 수 있어야 합니다.

노대통령 때도 경부고속전철을 하겠다고 했지만, 정부가 단지 정치논리만으로 철저한 손익계산도 무시하고 호남고속전철까지 추진했습니다. 부산신항만 역시 개항 이후의 물동량 부족 현상을 내다보지 못한 정책 때문에 어려움에 직면하고 있습니다. 신항만 개항 전에 대형 쓰나미가 부산항을 덮쳤고, 이를 우려한 외국선박회사들이 이미 상해 등으로 정박지를 옮겼기 때문입니다. 이처럼 국가정책도 미래를 내다보고 설계하지 않으면 낭패를 볼 수 있습니다. 정치인이 도덕성과 정통성이 없을 경우에 정치바람에 놀아날 수밖에 없습니다. 국가나 대통령이 바른 정치를 할 경우에 경쟁력 있는 나라를 만들 수 있습니다.

이번 5·31 지방선거 역시 지방의 경쟁력을 강화하는 계기가 되어야 한다고 봅니다. 울산시의 정치지형에서 볼 때 한나라당의 입지는 절대적이고, 저는 그 한나라당의 공천심사위원장을 맡고 있습니다. 최근에 저를 지지하는 사람들은 제가 위원장직을 맡음으로써 3선 진출에 막대한 지장을 초래했다고 지적한 사실을 소개하면서 공천작업이 성공적으로 이루어질 수 있도록 여러분들께서 문제를 많이 지적해달라는 말씀을 드린 적이 있었는데, 모 신문사에서는 거두절미하고 저의 취지를 왜곡하는 기사를 내보냈습니다.

김교수 : 공천심사위원장 자리는 아무리 잘해도 본전이라

는 이야기가 있습니다. 일단 맡았으니까 최선을 다해야 하지 않겠습니까?

정위원장 : 물론입니다. 그러나 예를 들면 김교수님이 후보자라고 할 경우에 저를 찾아오면 김교수님은 된다거나 또는 안 된다는 말을 할 수 없습니다. 그러나 저를 찾아온 이상 당사자는 확실한 대답을 듣지 않으면 제게서 돌아서게 되어 있습니다. 그래서 바른 지도자를 공천할 수 있도록 기자 여러분들께서 역할을 해 달라고 부탁드린 것입니다.

김교수 : 잘 알겠습니다. 항상 손해 볼 수밖에 없다는 말씀이지요. 공천심사작업은 순조롭게 잘 진행되고 있습니까?

정위원장 : 예, 잘 되고 있습니다.

김교수 : 여론조사가 이미 시작되었지요? 몇 명 정도를 대상으로 합니까?

정위원장 : 기초·광역의원의 경우에 800명, 그리고 기초단체장의 경우는 1000명을 대상으로 여론조사를 합니다. 이미 14일부터 여론조사가 시작되었습니다. 시장후보자는 중앙당에서 직접 여론조사를 관장합니다.

김교수 : 지난 2월 21일에 정위원장께서는 광역·기초의원 60% 이상이 물갈이 될 것이라고 전망하였는데, 지금 진행상황으로 보면 어떻습니까?

정위원장 : 현재로서는 확답할 수 없습니다. 우리 중구의 경우에는 60% 정도가 바뀔 것입니다.

김교수 : 울산시 전체로 보면 어떻습니까? 30%, 아니면 50% 정도까지도 가능합니까?

정위원장 : 시 전체적으로 보면 최소한 30% 이상은 될 것

입니다. 앞으로 문제제기가 되는 부분들에 대해서는 최대한 반영할 생각입니다.

김교수 : 울산시당의 공천잡음과 관련하여 제가 문제제기를 한 적이 있습니다. 그 후에 한나라당에서는 해당 지역구 위원장이 직접 심사할 수 없도록 조처하는 등 개선책을 마련했다는데 실질적인 효과가 있을 것 같습니까?

정위원장 : 그 동안 공천 잡음은 주로 중앙당에서 일어났습니다. 우리 한나라당에서는 최초로 기초·광역의원, 기초자치단체장에 대해서 시·도당이 공천하도록 했습니다. 그러다 보니까 취지를 곡해하여 잡음이 일어날 수도 있다고 봅니다. 이번 공천에서 그런 잡음을 없애도록 제도적인 조처를 마련했습니다.

울산시당의 경우에 공천신청자가 모두 96명입니다. 이걸 심사위가 한꺼번에 다룰 수 없기 때문에, 국회의원 선거구 2개를 단위로 해서 3개반을 편성했고, 1개반마다 정당인 2인과 비정당인 2명을 투입하여 4명의 위원이 평가할 수 있게 했습니다. 위원장인 저는 빠지고, 네 분이 3개영역에 들어가 실사작업을 하니까 12명의 위원이 일하는데, 이 때 각 반에 해당 지역구 위원장들은 빠지게 됩니다.

김교수 : 그럼 이전보다는 상당한 효과가 있다고 볼 수 있겠네요?

정위원장 : 그렇습니다. 적어도 지역구 위원장이 전횡할 수는 없게 됩니다.

김교수 : 그렇더라도 의원들끼리 막후에서 조정하는 것까지 막을 수는 없겠지요?

정위원장 : 전과 같지는 않을 것입니다.

김교수 : 반별 심사결과를 놓고서 다시 토론합니까?

정위원장 : 반별 심사결과를 놓고서 전체회의에서 공개토론을 하게 되는데, 특별한 이의가 없으면 넘어가고, 이의가 제기되면 토론에 붙여서 조정해보고, 그래도 안 될 경우에는 전체 위원들이 투표해서 2/3이상의 찬성을 얻을 경우에 통과시키게 됩니다. 따라서 문제가 있는 후보자들이 통과하기는 쉽지 않을 것입니다.

김교수 : 최근에 한나라당의 공천심사기준 중에서 도덕성에 대한 척도가 엄정해졌다는 소식이 있습니다. 성관련범죄, 뇌물 · 횡령 · 사기범죄자, 특정경제범, 폭력 · 폭행 등 5개항의 중범죄자에 대한 공천 배제 원칙이 하달된 것으로 알고 있는데, 울산시당에도 해당자가 있습니까?

정위원장 : 중앙당에서는 가이드라인만 제시했습니다. 우리시의 경우 그 가이드라인에 걸린 사람은 아직 없는 것으로 알고 있습니다. 그러나 가이드라인에 못미친다 하더라도 문제가 있는 후보자는 그렇지 않은 후보자에 비해서 불리할 수 있습니다.

김교수 : 신용불량자에 대한 검증도 병행한다고 들었습니다. 자신의 의지와 관계없는 피해자에 대한 구제책은 있습니까? 아니면 일률적으로 적용합니까?

정위원장 : 전에 신용조합을 할 때 제게 보증 서달라고 부탁한 사람들이 많았습니다. 자신의 의지와 관계없이 운이 나빠서 신용불량자가 된 경우도 있겠지요. 그러나 후보자가 의도적으로 시장을 교란했다든가, 자유민주주의 경제 질서를

훼손한 경우에는 배제할 것입니다. 선의의 피해자는 조사를 통하여 구제받을 수 있다고 봅니다.

김교수 : 우리 지역에서 이미 도덕적으로 문제가 있다고 널리 알려져 있는 인물도 있습니다. 한나라당의 공천 기준에 의하면 이런 사람들 역시 도덕성 심사를 통과할 가능성이 높은데, 시민들이 기대하는 도덕성과 공천작업시 적용될 도덕성 기준 사이에 편차가 클 경우에 시민들이 납득할 수 있겠습니까? 특정경제범죄자의 경우 5억원 이상 사기, 배임, 공갈범으로 기준을 잡았는데, 시민들이 만족할 수 있겠습니까?

정위원장 : 앞서 말씀드린 대로 중앙당 차원에 내려온 가이드라인은 전국을 대상으로 하다 보니까 느슨한 것이 사실입니다. 그러나 울산시당의 차원에서는 더 구체적인 잣대를 적용할 것입니다. 우리는 범죄사실증명서를 보고 후보자들의 모든 범죄 사실을 파악하고 있습니다. 시민들이 알고 계시는 사실도 있지만, 모른 부분들도 많이 있습니다. 저 역시 처음 알게 된 사실도 있습니다. 이번에는 절대로 그냥 넘어가지 않을 것입니다. 문제가 있는 만큼 불이익을 받게 될 것입니다.

한 지역구에 두세 분이 경합하는 경우에 도덕성 문제가 결정적인 변수가 될 수 있다고 봐야 합니다. 절대 그냥 넘어가지 않습니다. 앞으로 두고 보십시오. 그냥 넘어갈 수 없습니다. 그 점은 단언합니다.

김교수 : 공천경합지역의 경우에 도덕성이 당락을 좌우할 수 있다는 말씀이지요?

정위원장 : 그렇습니다. 얼마든지 그렇게 될 수 있습니다.

김교수 : 단수후보지역에 대해서도 부적격 판정을 받을 경

우 공천에서 배제하고 경쟁력 있는 인물로 전략공천할 수 있다고 밝혔는데, 현재 해당 지역이 있습니까?

정위원장 : 공감대가 형성되지 않을 경우에는 전략공천 할 수밖에 없습니다.

김교수 : 공감대란 무엇을 말합니까?

정위원장 : 선정기준에 부적합하다고 판단되면 단수후보라도 배제할 수 있다는 뜻입니다.

김교수 : 그 경우에 공천 신청하지 않은 제3의 인물을 추천하겠는 것입니까?

정위원장 : 그렇습니다.

김교수 : 그런 지역이 있습니까?

정위원장 : 충분히 있을 수 있다고 봅니다. 이번 심사에서는 도덕성 기준이 상당히 강화된다고 보아야 합니다. 가이드라인은 중앙당 입장에서 전라도 지역까지를 고려하여 느슨하게 잡은 것입니다. 울산지역에서는 아주 미미한 범죄 사실도 결정적으로 작용할 수 있습니다.

김교수 : 기초의원 선거에서 광역의원과 동일한 선거구를 획정하고 있는데, 인구수 및 유권자수가 상대적으로 적은 농촌지역 후보에 대한 배려는 감안하고 있습니까?

정위원장 : 이전과 사정이 좀 달라졌습니다. 발상의 전환이 필요하다고 봅니다. 최근에 퇴직공무원들을 만난 적이 있는데, 이분들 하는 이야기가 평생 공직생활을 했어도 연봉 5,6천만원을 받은 적이 없다고 합니다. 앞으로 기초·광역의원들에게는 그런 수당이 지급될 것이지만, 지금 의원들의 수준이라는 것이 시민들의 기대에 미치지 못하는 경우가 많다

고 지적하는 것을 들었습니다.

우리 한나라당으로서도 훌륭한 인재를 발굴하기 위하여 노력하고 있지만 그럴만한 인재가 많지 않다는데 고민이 있습니다. 그렇다고 해서 지역구 사정에 어두운 사람을 공천할 수도 없는 어려움이 있습니다. 지방의원들은 주민들과의 스킨십이 필요한데, 전직 공무원 출신들은 이 점에서 불리합니다. 이런저런 이유에서 농촌지역 등 특정 지역에 대한 배정을 고려하기는 현실적으로 어려움이 있습니다. 오히려 우리 중구의 경우에는 여성 후보자를 특별히 배려하고자 하지만, 그 역시 적임자가 없어서 만만치 않습니다.

김교수 : 적임자라는 것은 당선가능성을 염두에 두고 하신 말씀이지요?

정위원장 : 그렇습니다. 아무리 도덕적으로 깨끗해도 당선될 수 없는 사람을 후보로 내세우기는 어렵지 않겠습니까?

김교수 : 모 일간지에서 울주군 공천이 현역의원과 전직의원 사이의 힘겨루기 양상을 보이고 있다고 보도하였는데, 아는 바가 있습니까?

정위원장 : 전혀 모릅니다.

김교수 : 전직의원은 누군지 알겠는데, 현직의원은 누구입니까?

정위원장 : 저는 모르겠습니다.

김교수 : 지금 시중에는 누가 누구를 밀고 하는 이야기를 모르는 사람은 없습니다. 이번에 어떤 식으로든지 시민들이 기대하는 바와 전혀 다른 공천 결과가 나올 경우에 한나라당에 대한 지지철회 등 큰 파장이 예상되지 않겠습니까?

정위원장 : 한 번 지켜보십시오. 이번에는 절대로 그냥 넘어가지 않을 것입니다.

김교수 : 울산시장후보를 경선하는 것이 바람직하다고 보십니까? 두 후보간 여론조사 결과가 큰 차이를 보일 경우 경선을 유보할 수 있다는 것이 중앙당의 방침인데, 정위원장은 몇 %이상이 기준으로 적합하다고 보십니까?

정위원장 : 그것은 전적으로 중앙당 소관입니다. 3월 30일에 실시하는 MBC토론회는 시당에서 주관하지만, 그 이후의 여론조사는 중앙당에서 주관합니다. 정치신인의 경우 토론을 통해서 그 정책을 시민들에게 알리는 절차를 가져야 공평하다는 판단에서 MBC 토론회를 준비하고 있지만, 그 이후의 일정은 전적으로 중앙당 차원에서 결정할 것입니다.

김교수 : 그래도 여론조사가 몇% 정도 차이나야 경선이 유보될 수 있다는 것 정도는 정해진 바가 있지 않겠습니까?

정위원장 : 모릅니다. 전적으로 중앙당에서 판단할 일입니다.

김교수 : 울산시장후보의 경우에 면접심사를 하겠지요?

정위원장 : 시장후보의 면접은 중앙당에서 합니다. 울산시당과는 아무 상관이 없습니다.

김교수 : 그렇더라도 시민들이 생각하는 것은 중소기업 진흥대책, 비정규직 노동자의 처우개선, 공평과세, 양극화 해소문제인 것 같습니다. 후보들이 이 문제들에 대하여 특단의 대책을 마련하고 있다고 보십니까?

정위원장 : 후보가 결정된 후에 우리 지역의 현안을 공약에 반영하도록 할 것입니다. 그러나 이번 공천경쟁에서는 공약문제가 변수는 아니라고 봅니다.

김교수 : 울산시당 공천위원장직을 최병국의원이 양보한 점에 대해서도 추측이 난무하고 있습니다. 그러나 제가 들은 바로는 공천결과에 대해서는 정위원장 못지않게 최위원장도 책임을 져야 한다는 것이 중론입니다. 최근 모 일간지에서 정위원장이 공천보다는 3선 도전에 더 큰 비중을 두고 있다고 보도하였는데, 이 점에 대해서 앞에서 잠깐 언급하셨지만 좀 더 구체적으로 말씀해주시겠습니까? 사실입니까, 아니면 와전된 것입니까?

정위원장 : 공천결과에 대한 책임은 심사위원 모두가 져야 할 것입니다. 뒷부분은 잘못된 보도입니다. 우리 공천심사위원들 중에는 교수 등 직장인들이 있어서 주로 회의를 토요일이나 일요일에 하고 있습니다. 토요일에는 기자분들이 쉬고, 일요일에는 TV방송이 쉽니다. 우리당으로서는 언론사의 협조를 받아야 하기 때문에 정치부 출입기자를 초청해서 기자회견을 열고 오찬을 하기로 했습니다. 이 자리에서 이번에 제가 공천심사위원장을 맡은 것이 3선 진출에 막대한 지장을 초래할 수도 있다는 주변인사들의 지적을 소개하면서, 공천작업을 무난하게 할 수 있도록 기자 여러분들께서 문제점들을 많이 지적해주시면 조심스럽게 일처리를 하겠다고 한 이야기를 앞뒤를 모두 자르고 내보낸 것입니다. 이 기사가 나간 후 시청기자실에서 토론이 있었는데 기자들 스스로 이 보도가 잘못되었다는 결론에 도달했다는 이야기를 들었습니다. 물론 해당 언론사도 제게 사과를 했습니다.

김교수 : 열린우리당이 울산시장후보로 송철호 국민고충처리위원장 카드를 완전히 배제하고 있지 않은 것은 한나라

당 시장후보 공천 결과와도 연관이 있을 것이라는 관측이 있는데, 송철호 카드가 나왔을 때 한나라당의 두 시장후보 모두 승산이 있다고 보십니까? 혹시 누구는 이길 수 있는데, 누구는 그렇지 않다고 하면 공천심사위원장으로서 적절치 않은 발언이 될 수도 있겠습니다. 말씀하시기 곤란하십니까?

정위원장 : 꼭 그렇지는 않습니다. 지금까지의 여론조사 결과에 의하면 두 분 모두 승산이 있다고 봅니다. 물론 두 후보의 지지율에는 차이가 있지만...

김교수 : 이번 한나라당 울산시당이 공천 기준 가운데서 특히 도덕성을 강조하고 있는 점은 매우 인상적입니다. 그동안 울산지역은 경제력은 막강했지만 상대적으로 정의감은 부족하다는 지적이 많았습니다. 한나라당 울산시당이 이번 공천에서 도덕성을 강조하면서도 우리 시민들 모두가 알고 있는 부정한 인사를 공천할 경우에 그 파장이 얼마나 클 것인가는 다시 말씀드리지 않더라도 잘 아실 것입니다. 마지막으로 위원장님께서 울산시민들에게 하고 싶은 이야기가 있으시면 정리해 주십시오.

정위원장 : 앞으로 우리 사회는 경쟁을 피할 수 없습니다. 독식의 시대는 지났습니다. 이번 지방선거는 미래가 있는 지역사회를 만들 수 있는 기틀이 되어야 합니다.

저는 한나라당 울산시당 공천심사위원장으로서 적절한 후보자, 경쟁력 있고 시민들이 믿고 따를 수 있는 후보자를 내도록 최선을 다하겠습니다. 우리 주변에는 인도네시아, 태국처럼 우리보다 자원이 풍부한 나라도 많지만, 그 나라들이 정치가 엉망이라서 우리보다 열등한 처지에 있는 것을 잘 알고 있습니다. 대구의 섬유산업이나 부산의 신발산업이 한 때 엄청난 호황을 누렸지만, 그들 도시는 미래를 준비하지 않아서 지금 형편없이 추락한 상태에 있습니다. 후회해도 소용이 없습니다. 우리 울산의 경우도 마찬가지입니다. 지금은 장치산업, 굴뚝산업으로 우리가 먹고 살고 있지만, 미래산업을 개발・육성하지 않으면 낭패를 볼 수 있습니다. 따라서 지방정부 역시 정치력을 발휘해야 합니다.

저는 울산시민들에게 많은 비판을 받으면서도 중저준위방폐장을 패키지화 하여 한전을 울산에 유치해야 한다고 주장한 적이 있습니다. 울산의 미래를 걱정한 저의 충정이었습니다. 울산시가 이미 원자력발전소로 둘러싸여 있는 현실을 감안하여, 원전보다 위험도가 현저하게 낮은 중저준위방폐장을 한전과 함께 요구할 경우에, 한전을 유치할 수 있는 정당성을 선점할 수 있었기 때문입니다.

김교수 : 그 때 혼자서 외롭게 투쟁하셨던 것을 기억하고 있습니다. 대부분의 정치인들이나 지식인들이 정위원장의 발언 취지를 이해하면서도 시민정서상 반대했던 것이지요. 저는 당시 CBS울산방송에 출연해서 원전 추가 건설을 막지 못할 것이라면 정위원장의 제안을 받아들일 필요가 있다는 취지의 발언을 한 적이 있습니다. 앞으로 그런 일이 있으면 혼자서 하시지 말고 지역사회의 오피니언 리더 그룹들이 동참할 수 있도록 노력할 필요가 있을 것 같습니다. (2006.03.20)

울산시민을 위한 공천

최근 들어 한나라당 울산시당의 공천 작업에 대한 시민들의 관심과 기대가 높아지고 있다. 울산지역의 정서상 공천이 곧 당선이라는 도식 때문일 것이다.

한나라당 역시 2년 후 대선에서의 필승을 위하여 시·도당에 공천권을 행사하도록 하는 파격적인 실험을 도입했다. 지역에서 필요한 일꾼을 적소적재에 배치하라는 의도가 깔려있는 것이다.

한나라당 울산시당의 경우 처음에는 중앙당의 취지에 일탈하는 조짐도 없지 않았다. 그러나 시민들의 우려어린 비판을 의식하여 공천 과정의 투명성과 공정성을 보완하고자 일련의 조치를 취했던 것은 갈채를 받을 만한 일이었다고 평가한다. 최근 필자가 인터뷰한 바 있는 한나라당 울산시당의 공천심사위원장 정갑윤 의원은 중앙당에서 제시한 도덕성 기준보다 더 엄격한 잣대를 적용할 것이라고 천명한 바 있다. 울산 시민으로서는 여간 반가운 소식이 아닐 수 없다.

현대사회는 고도로 전문화된 지식정보화 사회이다. 정치와 행정은 물론이고 과학과 기술, 산업과 생활 현장, 그리고 교육과 사회 영역에서 어느 것 하나 전문적인 식견을 필요로 하지 않는 곳이 없다. 정보가 많다 보니 그것을 통제할 수 있는 장치도 첨단화되고 있다. 이와 같은 지식정보화 사회에서 가장 긴급하게 요구되는 것은 바로 도덕성이다.

제아무리 유능하고 설득력 있는 사람이라고 하더라도 그가 도덕적으로 불감증에 걸려 있다면 우리 사회와 시민에게 크나큰 해악을 끼칠 수 있다. 겉으로는 지역사회를 위하여 일하는 것처럼 하면서도 실제로는 자신의 영달과 이익을 위하여 불법과 부정을 저지르는 사람들은 얼마든지 많다. 도덕성과 성실성을 근본으로 하지 않은 공직자는 공공의 적으로 전락할 수 있다.

한나라당 울산시당의 공천을 받기 위하여 50여 명이 넘는 후보자들이 몰려들었다고 한다. 그 중에서도 기초의원들에 대한 선정작업은 거의 마무리 단계에 접어든 것 같다. 이제 일주일 안에 모든 공천 작업이 완료될 것이다. 이런 시점에서 필자는 한나라당 울산시당의 공천심사위원들과 정치지도자들에게 우리 사회에서 이미 도덕성 논란에 휘말리고 있는 인사들에 대해서만큼은 과감하게 정리해 줄 것을 촉구하고자 한다.

물론 의원들은 자신에게 힘이 되어 줄 수 있는 인사를 추천하고자 기를 쓸 것이다. 그것이 정치논리일지는 모른다. 그러나 시민의 입장에서 한 번 더 생각해 주기 바란다. 인지도가 좀 낮더라도 깨끗하고 참신한 인물을 과감하게 기용하여 울산지역의 정치 분위기를 일신해 줄 것을 강력하게 요청하는 바이다. 그렇게 하는 것이 정치인 여러분들의 지위 향상을 위해서도 도움이 될 것이다.

지금 시중에서는 정적을 죽이기 위하여 수단과 방법을 가리지 않는 암투가 벌어지고 있다는 이야기들이 적나라하게 나돌고 있다. 누구 하나 온전한 사람이라고 말할 수 없다 하더라도 시민들이 볼 때 최악의 선택만은 피해주기 바란다. 조금 부족해 보인다 하더라도 도덕적으로 참신한 후보자를 공천하여 시민들에게 적극적인 지지를 호소하는 것이 전략일 수도 있다.

다시 한 번 강조하거니와 이번 공천에서만큼은 자신의 이해관계를 초월하여 시민들이 바라는 도덕적이고 참신한 인물들이 기용될 수 있도록 심사숙고 해 줄 것을 당부해마지 않는다. 공천은 의원 자신을 위한 것이 아니라 울산 시민을 위한 것이어야 한다. (2006.03.22)

한나라당, 농민대표 공천 배제

한나라당 울산시당이 당에 대한 공헌도 등 내부 원칙을 무시하고 가장 강력한 농촌대표를 공천에서 탈락시켜 물의를 빚고 있다.

한나라당 울산시당 공심위가 선거인구수가 적다는 이유로 농민대표를 공천대상에서 배제하고 전략 공천한 것으로 드러나면서 농어촌 주민들이 크게 반발하고 있다. 이로써 한나라당의 농어촌 득표 전략에 큰 차질을 빚을 전망이다.

특히 새로 영입한 후보가 지난 총선에서 열린우리당의 선거운동원이었다는 사실이 밝혀지면서, 당에 대한 충성도 등 내부 원칙을 무시한 처사라는 비난의 목소리가 드높다. 사실상 한나라당 기초의원의 공천은 당원협의회 위원장에게 전권이 부여됨으로써 공심위가 무력할 수밖에 없는 한계를 드러냈다.

선거인구수 문제도 피상적인 이유에 지나지 않았다는 지적이 많다. 새로 영입한 후보의 지역구가 한나라당을 탈당하여 무소속으로 출마한 현 군의원의 지역구와 같기 때문이다. 한나라당표가 두 후보에게 분산될 경우에 두 사람 모두 탈락할 가능성이 크다. 이런 위험을 감수하는 것보다 농촌을 대표해온 직능후보를 내세우는 것이 더 자연스러웠을 것이다.

이번에 공천을 배제당한 인사는 그 동안 한나라당 울산시당 서부 울주지역의 농민대표로 일해 왔던 두동면 출신 서우규 군의원(울주군의회 부의장)인 것으로 밝혀졌다. 지역 농민들은 물론 울주지역의 농·축산업계가 상당한 호감을 갖고 있는 인물로 알려져 있다. 그는 현 울주군 당원운영협의회 위원장을 지금까지 성실하게 보좌해 왔음에도 불구하고, 이번 공천에서 특별한 이유 없이 배제되어 억울하다는 심경을 토로해 왔다.

현재 기초의원선거는 중선거구제로 치러지기 때문에 1개 선거구에서 3명의 당선자를 선출하도록 되어 있다. 서 의원이 속한 울주군 다선거구에는 5명이 신청했지만 두 후보가 공천을 포기함으로써 언양, 상북, 두동 출신 세 후보만 남게 되었다. 서 의원은 그 동안 한나라당에서 활동해 온 경력 등에 비추어 당연히 공천을 받을 수 있다고 판단한 모양이었다. 그러나 두동·두서지역의 인구수가 적다는 이유로 자신이 공천에서 배제된 사실을 확인하고 허탈해 할 수밖에 없었다.

한나라당 울산시당 공심위가 잠정적으로 후보자 공천을 마무리한 상태에서 서의원은 최병국 위원장과 정갑윤 공천심사위원장에게 4월 3일 소명서를 제출했다. 4일에 열리는 울산시당 위원회에서 공천대상자를 최종 확정하기 전에 다시 검토해달라는 취지였다. 그러나 이 자리에서 아무것도 바꾸어지지는 않았다.

서 의원은 "한나라당이 농촌출신, 선거인구수 부족 등의 이유를 들어서 저에 대한 공천을 배제할 경우에 전국적 차원에서 농어촌계의 반발을 불러올 수 있으며, 2년 후 대선에서 한나라당이 결정적으로 불리하게 될 수도 있다"고 지적하기도 했다. 그러면서도 그는 자신이 섬겨온 위원장이나 당에 대해서는 무척 조심스러운 태도를 보였다.

한미 FTA가 논의되고 있는 긴박한 상황에서 인구수가 적은 농촌에서는 아예 공천 받을 생각도 하지 말라는 이야기가 정동영 의장의 노인폄훼 발언 여파를 다시 기억나게 하는 것은 무슨 까닭일까? 노인들이 들어가고 난 후에 다시 농어민들마저 들어가야 한다면 이들은 과연 누구를 상대로 정치를 하자는 것일까? 앞으로 한나라당의 처신이 무척 궁금해진다.

(2006.04.05)

한나라당 울산시당의 권력 이동

한나라당이 울산광역시 시장 후보로 박맹우 현 시장을 공천 확정함으로써 5·31선거 이후 울산지역의 권력 구조에 큰 변화를 예고하고 있다. 울산 지역의 4개 지역구의석을 한나라당이 선점하고 있는 가운데 울산시당의 권력 구도는 국회의원 중심으로 편성되어 있으나, 현 지도층의 대표성과 역할 문제에 대하여 회의적인 반응이 점점 더 가시화되고 있기 때문이다.

한나라당 울산시당 현 지도부의 한계는 이번 공천 과정에서 여실하게 드러났다. 공천심사위가 가동되기 전부터 일부 의원과 운영위원장 등이 탈법적인 전선을 구축하는가 하면, 공천과정에서 지역구 의원 및 운영위원장의 의견을 전폭 수용한다고 함으로써 공심위의 활동을 사실상 무력하게 만들었다. 어떤 지역구에서는 30년간 동고동락 해왔던 농민대표를 선거인구수 부족이라는 이유에서 공천을 배제하는 초유의 사태가 벌어졌다.

가장 큰 사건은 정갑윤 공심위 위원장의 사표 제출이었다. 표면적인 이유는 중구 광역의원 공천을 둘러싼 모 의원과의 갈등이었다. 물론 본질적인 원인은 따로 있다. 이번 지방선거에서 지역구 의원들은 2년 후의 총선에서 유리한 고지를 선점하기 위한 포석을 마련하고자 했으나, 그때마다 최고지도부의 견제를 피할 수 없었다. 이는 향후 울산 정가의 권력구도에 중대한 변화를 촉발할 수 있다는 점에서 눈여겨보아야 할 대목이다.

비록 정 위원장의 사표 제출이 하나의 해프닝으로 그친다 하더라도 그 상징적인 의미는 2년 후 총선 때까지 영향을 미칠 것이다. 그것은 바로 최고지도부의 교체, 즉 권력이동을 향한 권력 갈등이 치열해질 수밖에 없는 상황을 예고한다. 한나라당의 이번 공천과정에서는 의원 및 운영위원장의 이해관계가 극명하게 표출되었다. 특히 권력의 중심을 잃지 않으려는 세력과 차기 총선에서 재선과 재기를 노리는 세력들 간의 암투가 가장 치열하였다.

이런 모든 권력투쟁으로부터 가장 초탈한 사람은 바로 박맹우 시장이었다. 그 역시 권력투쟁의 현장에 서 있었던 것은 사실이다. 그러나 그는 울산시장직을 성공적으로 수행함으로써 신진관료 출신이라는 이미지를 벗어 던지고 성공한 정치인으로서의 자리를 굳혔다. 또한 그는 이번 공천 과정에서 상대 후보를 압도적인 차이로 제압하고 공천을 확정 받음으로써 5 · 31 지방선거 이후의 정국을 주도할 수 있게 되었다. 그에 대한 울산시민들의 확고한 지지는 향후 한나라당 울산시당의 권력 구도를 변화시킬 수 있는 강력한 기폭제가 될 것이다.

2년 후 총선에서는 현 의원들에 대한 재평가가 자연스럽게 이루어진다. 가장 위협적인 평가지침은 울산지역에 대한 공헌도와 기여도가 될 것이다. 상당수의 시민들은 현 한나라당 울산시당의 권력구도가 지역 주민들의 지지도를 적절하게 반영하고 있지 못하다고 생각하고 있다. 특히 울산시민들과 밀착된 의정활동이 결여된 일부 의원들에 대해서는 반감까지 표명할 정도이다. 그래서 시민들은 우리의 의사를 대변할 수 있는, 전혀 권위적이지 않은 서민적 지도자를 권력의 중심에 세우려고 할 것이다.

그러나 그것은 2년 후의 일이다. 이번 공천 과정을 통해서 한나라당 울산시당의 지도부는 그 총기를 잃었으며, 이미 권력 갈등에 휩싸이고 말았다. 따라서 이제부터는 한나라당의 울산시장 후보로 확정된 박맹우 시장이 중심이 될 수밖에 없을 것이다. 그만이 이번 공천후유증을 치료할 수 있으며, 지리멸렬한 한나라당 지도부를 단결하게 할 수 있는 구심점이 될 수 있기 때문이다.

그것은 모처럼 주어진 기회를 권력투쟁의 장으로 변질시키고 말았던 한나라당 울산시당이 5 · 31선거에서 승리할 수 있는 비결이기도 하다. (2006.04.12)

불신의 대상이 된 공천

한나라당 울산시당의 공천 작업이 사실상 마무리된 상태에서 또 다시 불협화음이 터져 나와 뜻있는 시민들의 눈살을 찌푸리게 하고 있다.

울산 북구청장 후보공천에서 탈락한 김수헌 후보가 여론조사의 불공정성 문제를 제기하면서 공심위에 재심을 요청했기 때문이다. 그는 여론조사 업체를 방문한 결과 공정성과 신뢰성이 무너질 수 있는 단정적인 몇 가지 사실들을 발견했다고 주장했다.

첫째로 선거법상 6개월 이상 보관하도록 되어 있는 여론조사 원 자료가 폐기되었다고 한다. 둘째로 조사원의 설문지 서명란에 전혀 다른 필체의 제3자가 서명한 사실이 있었다는 것이다. 셋째로 두 후보 가운데 특정 후보자의 이름이 먼저 호명되었다는 것이다. 이런 주장들이 사실이라면 여론조사 자체에 문제가 있었던 것은 확실한 것 같다.

한나라당 울산시당의 공심위가 그동안 엄청난 수고를 하였음에도 불구하고 공천을 둘러싼 잡음이 지금까지 계속되는 데는 그만한 이유가 있다. 기초자치단체장의 경합을 정확하게 판단해야 할 공심위가 그 동안의 모든 노력을 무위로 돌리면서 여론조사만을 최종적인 선발 기준으로 결정한 것은 돌이킬 수 없는 실수였다.

예를 들면 울주군수 후보자 경선의 경우, 중간투표에서 엄창섭 후보 6표, 서진기 후보 5표, 노진달 후보 2표가 나왔다면, 엄창섭 후보와 서진기 후보를 놓고서 결선투표를 했어야 마땅했을 것이다. 그러나 공심위는 결선투표를 하지 않고 여론조사 결과에 따르도록 결정했다. 다른 기초자치단체장의 경우도 마찬가지였다. 그렇다면 아예 공천위의 역할은 없는 것이나 마찬가지이다.

여론조사 그 자체는 객관적이고 공정한 판정 기준이 될 수 있다. 그러나 이것 역시 권력과 지위를 가진 사람은 얼마든지 통제 조작할 수 있다는 사실에서 최종적인 기준이 되어서는 안 된다. 만일에 한나라당 울산시당 공심위가 그 동안의 평가내용에 여론조사 결과를 특정 비율의 범위 안에서 반영하는 것으로 결정했더라면 큰 부작용을 불러일으키지는 않았을 것이다.

그러나 공심위는 이전의 모든 논의내용을 무시하고 여론조사 결과에 100% 승복하도록 결정했다. 앞에서 예를 들었던 울주군수 후보의 경우에 정상적인 결정이라면 엄창섭 후보와 서진기 후보에 대해서만 공심위가 재표결하고 여론조사를 실시했어야 옳았을 것이다.

그러나 공심위가 여론조사로 승부를 결정한다고 발표한 이상, 중간투표에서 3위에 그친 노진달 후보가 공천될 수도 있었다. 1위와 2위를 제치고 3위가 선정될 수도 있는 이런 가능성을 사전에 배제하지 못했던 공심위의 결정은 분명 잘못된 것이었다.

김수헌 후보가 여론조사의 공정성 문제를 제기하고 나온 것에 대하여 심정적으로 이해할 수 있다. 여론조사가 원칙대로 이루어지지 않았을 것으로 여겨지는 상황에서 그가 받았을 고통과 상처도 헤아릴 수 있다. 그러나 공천 작업의 초기에 그가 원칙을 지켰더라면 지금과 같은 이의제기는 엄청난 무게를 가졌을 것이다.

지금까지 원칙을 무시해오다가 결정적으로 불리해지자 원칙에 호소하는 것은 어쩐지 설득력이 없어 보인다. 결정된 사실을 번복하기에는 너무 늦은 것 같다. 지금은 아름다운 승복이 필요한 순간이다. (2006.04.21)

후원금을 위장한 공천헌금

국회의원들에게 후원금을 받을 수 있도록 한 기부금 제도가 공천지원자들에 의하여 변칙적으로 활용되고 있다는 주장이 제기됐다. 울산시 국회의원 다수의 명단도 끼어 있다는 것이다.

부산일보는 최근 4월 17일, 18일자 보도를 통해 부산·울산·경남지역의 후원금 네트워크를 조사·분석한 결과 지방선거 공천후보자들이 공천에 결정적인 영향을 미치는 실세 국회의원들에 줄을 대기 위하여 기부금제도를 활용했다고 밝혔다.

부산일보는 중앙선거관리위원회로부터 2005년 국회의원 고액기부자 명단 6,424건의 자료를 입수하여 지역 정치인들에 대한 자료 1,180건을 별도로 분류하고, 이에 대한 정밀 분석을 시도했다고 한다. 언론학 전공교수가 참여한 이 분석방법은 사회 네트워크 분석(SNA: Social Network Analysis)으로 불리어지고 있는데, 사회 구성원 간의 이해관계, 영향력 등을 쉽게 파악할 수 있다.

이 조사발표에 의하면 국회의원의 상임위 소속과 관련된 기관이나 업체의 기부행위가 주류를 이룬 가운데, 이번 지방선거에서 공천을 받으려는 인사들의 줄대기 모습도 여실하게 드러나 있어서, 세인들의 눈살을 찌푸리게 한다.

5·31 지방선거를 앞두고 부산·울산·경남지역의 공천신청자들이 해당 국회의원들에게 전달한 고액 기부금은 3억 5천 4백만원으로 조사되었는데, 이는 전체 고액 기부자의 기부금 21억여원의 18%에 해당된다.

국회의원에게 한 사람이 후원할 수 있는 상한액은 연간 500만원이며, 정치자금법상 120만원 이상의 고액 기부자 명단만 공개가 가능하다. 부산일보는 고액 후원금 중 공천신청자로부터 가장 많은 후원금을 받은 사람은 김명주 의원(경남 고성통영 4,200만원)이고, 정의화 의원(부산 중동구)에게 500만원씩 후원금을 낸 5명은 모두 공천을 받았다고 발표했다.

울산지역의 국회의원들 가운데는 윤두환 의원이 노진달 시의원으로부터 200만원, 정갑윤 의원이 김춘생 의원으로부터 200만원을 후원받았으며, 최병국 의원이 강석구(300만원), 김춘생(300만원), 노진달(300만원), 서정희(500만원), 윤명희(500만원), 이희석(300만원)으로부터 각각 후원금을 받았다고 보도했다. 이 중에서도 특히 최병국 의원은 고액 후원금 중 공천신청자의 후원금 비중이 76%에 달한다고 발표했다.

그러나 이 기부행위 자체는 분명 합법적인 것이다. 그러나 부산일보는 부산·울산·경남지역의 고액기부자 97명 가운데서 50명이 공천 확정을 받은 것으로 집계하면서, 이들 정치인에 대한 고액 기부행위가 사실상 공천과 맞물려 있음을 시사했다.

이번 5·31 지방선거의 공천과정에서 국회의원들이 실제로 공천헌금을 수수했을 가능성을 전적으로 부인하기는 어렵다. 공천탈락자들을 중심으로 자신의 탈락 원인이 공천헌금의 과부족에서 비롯되었다는 불만이 표출되고 있기 때문이다. 그러나 지금까지 울산지역에서 공천비리와 관련된 이렇다 할 구체적인 정황이 포착된 바는 없다.

우리는 부산일보의 가설이 잘못되었기를 바랄 뿐이다.

(2006.04.19)

울산의 5 · 31 지방선거

이번 울산선거에서는 몇 가지 이변이 일어났다. 우선적으로 들 수 있는 것은 민주노동당의 몰락이다.

이번 선거에서 가장 허탈한 것은 바로 민주노동당일 것이다. 북구와 동구 구청장 자리를 모두 잃었고 광역의원의 3석만을 간신히 확보했기 때문이다. 전국적으로 열린 우리당이 철퇴를 맞은 것과는 달리 울산 지역에서는 민노당이 철퇴를 맞은 셈이다. 울산지역에서 민주노동당이 갖고 있는 상징성을 생각한다면 이는 완전한 몰락을 의미한다.

울산에서 민노당이 몰락한 배경에는 여러 가지 이유가 있을 것이다.

첫째로 울산시민들의 일반의지에 역행하는 입장을 취했기 때문이다. 민노당은 울산지역의 경제를 상징하는 현대자동차 위기에 아무런 기여도 하지 않았으며, 오히려 현대차 정회장의 구속을 지지하고 경영진 전체의 사퇴를 요구했다.

둘째로 정회장의 구속사태와 같은 시기에 현대차 노조는 임금협상을 시도함으로써 자신들의 이익만을 추구하는 비이성적 집단으로 각인되었다. 특히 현대차 노조는 정회장의 선처를 호소했던 작업반장들을 징계 조처함으로써 울산시민들의 정서에 역행하는 모습을 연출하였다.

셋째로 민노당이 내세운 울산시장 후보가 노동자의 대표로 나서기에 부적절할 정도의 재산 및 세금 문제로 인하여 불신의 대상이 된 점이다. 본인으로서는 억울한 부분도 있을지 모르지만 10억대의 재산을 가진 사람이 노동자의 이익을 대변할 수 있겠는가에 대한 의심을 불러일으켰던 것이다.

넷째로 동구와 북구에 나선 두 구청장 후보들이 범상치 않았다는 점이다.

동구의 경우 무소속 후보는 정몽준 의원의 강력한 지원을 받아서 승리할 수 있었다. 정의원은 지금까지 지방선거에는 개입하지 않는 것을 원칙으로 했으나 이번 선거에서는 직접 지원에 나섰다. 북구의 경우 한나라당 강석구 후보는 공천 및 여론조사 과정에서 어려움을 당했으나, 그것이 오히려 그의 인지도를 높이는 계기가 됨으로써 전화위복이 되었다.

또 하나의 이변이 있다.

울주군 다선거구의 서우규 의원의 당선이 바로 그것이다.

울주군 의회 부의장을 역임했던 서의원은 한나라당의 해당 지역 공천대상자 3명에 포함되어 있었으나, 그의 출신지역 인구수가 적다는 이유만으로 공천에서 배제되었다. 그는 두 차례의 소명 기회를 얻어서 자신의 당선 가능성을 증명하고자 했으나 해당 지역 위원장의 강력한 반대로 공천을 받지 못했다.

그러나 서의원은 이에 굴하지 않고 무소속으로 진출하여 두동·두서·삼동·언양 등 농민들을 상대로 지지를 호소하여 해당 지역구의 최다득표자로 넉넉하게 당선되었다. 한나라당의 공천 작업에 실수가 있었음을 내비치는 대목이다. 지역 주민들은 한나라당이 서의원을 즉각 복당시킬 것을 바라고 있다.

이번 울산시장 선거는 일찍부터 끝난 것으로 간주되었기 때문에 특별한 관심을 끌지 못했다. 박맹우 후보에 대한 한노총 울산지부의 지지 표명은 승세를 결정지었다. 박맹우 시장의 재선은 역동의 산업수도인 울산시를 더욱 더 살기좋은 푸른 도시로 만들라는 시민들의 바램이자 요청일 것이다.

박시장이 가장 우선적으로 처리해야 할 일은 그 동안 민주노동당에 내맡겼던 시민적 요구들을 직접 챙겨야 한다는 사실이다. 노동자와 서민들이 많이 살고 있는 북구와 동구에서 이들이 행정적으로 어려움을 당하지 않도록 직접 보살피고 어루만져야 할 것이다.

박맹우 시장은 이번 지방선거에 반영된 울산시민들의 민의를 점검하여 모든 계층의 사람들이 서로를 신뢰하면서 살 수 있는 맑고 밝은 울산 만들기에 매진해 줄 것을 당부하고자 한다. (2006.06.01)

민선4기의 아름다운 출발

동구청장직 1석을 제외하고 울산시장에서부터 울주군수, 남구청장, 중구청장, 북구청장을 싹쓸이한 한나라당 울산시당이 세간에서 우려하고 있는 자중지란을 극복하고 민선 4기를 무난하게 출범시킨 것은 크게 환영할만한 일이다.

일부 언론과 시민단체들은 한나라당이 지방 정부와 의회를 장악함으로써 지나친 권력집중 현상이 나타나고 있다고 우려하고 있지만, 그것은 어디까지나 국민들의 선택이라는 사실을 인정하고 또한 존중해야 할 것이다.

정부와 여당의 최근 개각 인사 내용을 들여다보면 민심에 등을 돌린 정도가 아니라 아예 무시하고 있는 것을 볼 수 있다. 따라서 새로 출범하는 지방정부들이 중앙정부의 독주를 견제하고 감시해야 할 새로운 역할과 임무가 국민에 의하여 부여된 것으로 보아야 한다.

한나라당 울산시당은 민주적인 경선 방식에 의하여 지도체제를 개편하는 데 성공하였으며 최근 빚어진 울산시와 울주군 사이의 인사 문제 역시 두 단체장의 타협과 양보로 원만하게 처리되었다. 이는 울산의 정치발전을 위하여 매우 다행스러운 일이다.

사실상 자치단체의 인사권은 기본적으로 당해 자치단체장의 고유권한이며 특별한 사유가 없는 한 존중되어야 한다. 그러나 공직사회의 합리적이고 효율적인 인적 교류를 위하여 인사교류협정을 맺을 수 있도록 권장하고 있으며 지금까지 울산시와 산하 구·군 자치단체에서는 모범적인 인사교류를 시행해 왔다.

그러나 이러한 인사교류의 틀 역시 새로 선출된 자치단체장들 사이에서 선행적으로 논의되어야 하며, 그 이후에 인사문제가 거론되었어야 마땅한 일이었다.

울주군에 신설되는 생활지원국장(4급)의 자체 승진임용 방침에 대하여 울산시가 기존의 협약내용을 바탕으로 갈등 양상을 내비친 것도 부적절한 측면이 있었다. 이런 문제들은 애초부터 자치단체장들이 막후에서 조정할 문제였기 때문이다.

따라서 울산시와 울주군이 해당 자치단체장의 취임에 앞서서 인사 갈등을 빚은 것은 시민들에게 큰 걱정과 우려를 끼친 잘못이 있다.

이처럼 인사문제를 둘러싼 갈등이 심화되는 가운데 박맹우 시장이 취임과 더불어 엄창섭 울주군수의 자체승진 수용 요구를 수용한 것은 통합·상생 정치의 표본이라 하지 않을 수 없다. 차제에 박시장은 구·군 자치단체장들과 새로운 인사시스템을 도입하여 이와 같은 불만과 갈등이 원천적으로 해소될 수 있는 틀을 마련해 주기 바란다.

박맹우 시장이 앞으로 4년간 이끌어야 할 울산시에는 수많은 문제들이 산적해 있다. 보다 경쟁력 있는 산업구조 개편을 위해서는 최우선적으로 공장부지와 노동시장의 유연성이 확보되지 않으면 안 된다.

국토균형발전 차원에서 수도권과 동해남부권의 대등한 지위를 확보하는 것도 그리 만만한 일은 아닐 것이다.

우리는 박맹우 시장이 엄창섭 울주군수, 조용수 중구청장, 김두겸 남구청장, 강석구 북구청장, 정천석 동구청장과 더불어 민선 4기를 성실하고 책임있게 이끌어주기를 당부해마지 않는다.

울산시민들의 복지와 행복이 새로 취임한 여러 단체장들의 노력 여하에 달려 있다는 것을 유념해 주기 바란다.

(2006.07.04)

자체감사만으로는 부족하다

울산시 교육청 인사부정 의혹에 대한 감사 및 수사 촉구가 요구되고 있다. 울산광역시 교육위원회 김장배 의장은 3월 27일 제108회 임시회에서 서면질의를 통해 3월 1일자 초·중등교원 정기인사 때 부정행위가 있었다는 신문 기사 및 소문을 근거로 교육청이 자체 감사를 실시하라고 촉구하였다.

울산교육계의 수장인 교육감이 직무정지인 상태에서 사실상 울산교육계를 대표하고 있는 교육위원회 의장이 직접 문제를 제기했다는 점에서 그 파장은 상상을 초월할 정도로 크다. 드러난 사실만 가지고 판단하더라도 문제가 그리 간단하지는 않을 것 같다.

우선 3월 1일자 교원인사에 직무정지 상태에 있는 교육감이 영향력을 행사했으며, 인사담당 교육 공무원들이 그와 교감을 나눈 상태에서 동조했다는 지적이다. 행정적으로는 이모 전 부교육감이 최종 책임자이지만, 김모 교육감의 지시를 받은 인사담당 장학사와 장학관이 거들었을 것이라는 이야기다. 실제로 직무정지 상태의 교육감이 인사에 간여한 것으로 드러날 경우에 해당 공무원들은 법적 책임을 피할 수 없을 것이다.

둘째로 시교육청 인사권자의 월권이 있었다는 부분이다. 초·중학교의 교감인사는 본청 소관이 아니고, 지역 교육청의 교육장 권한에 속한다는 것이다. 그럼에도 불구하고 이번 인사에서 시교육청은 초·중학교의 교감에 대해서도 학교를 지정하여 통보했다고 한다. 실제로 이런 인사행태에 대하여 어떤 교육장은 불만을 표시했다고 한다. 김의장은 이러한 업무지침 위반 역시 직무정지 중인 교육감이 불법적으로 인사에 간여한 결과라고 보는 것 같다.

셋째로 이번 3월 1일자 교원인사에 뇌물 등 부정이 개입되었을 가능성이 크다는 지적이다. 인사담당자의 아파트에 수많은 교원들이 몰려들어 문전성시를 이루었다는 것이다. 김의장은 일부 인사들이 상당한 금액의 뇌물을 제공했을 것이라는 소문이 나돌고 있다고 제보하였다. 교육 공무원의 뇌물수수는 어제 오늘의 일이 아니지만 좀처럼 근절되지 않고 있다. 매우 은밀하게 이루어지기 때문이다. 그러나 이번에는 구체적으로 의혹이 제기된 이상 당국의 책임 있는 조사가 요구된다.

넷째로 다가오는 교육위원 및 교육감 보궐선거에 대비하여 현재 직무정지 중인 교육감과 교육청 간부 공무원, 일부 교육장이 연대하여 학교운영위원 선거에 개입하고 있다는 지적이다. 일부 학교장에게는 그들이 지정하는 특정인을 운영위원으로 당선시키도록 압력을 행사했다고 한다. 이는 부정한 목적 달성을 위한 부정행위이므로 엄단할 필요가 있다.

이상의 사실들은 우리가 익히 들어 알고 있는 사항들이지만, 울산 교육계의 특성상 지금까지 밖으로 드러나지 않았을 뿐이다. 울산 교육계가 특정 세력을 중심으로 뭉쳐 있기 때문에 이러한 조직적인 비리들은 그 동안 은폐되고 보호받아 왔던 것이 사실이다.

교육계의 비리는 우리 사회의 도덕적 일탈을 여지없이 드러내고도 남는다. 교육계 내부에서, 그것도 우리 지역의 교육계를 대표하는 분에 의하여 제기된 의혹인 만큼, 당국은 이 사태를 적당하게 넘기려고 하지 말고 즉각 감사에 착수하기 바란다.

또한 이 문제에 대하여 교육당국이나 교육관계자들 역시 이미 알만큼 알고 있다고 하니, 검찰 당국도 수사에 착수하기 바란다. 교육계의 인사행정이 적법 절차를 무시하는 단계를 넘어서서 탈법과 비리를 향하여 타락하고 있다면 마땅히 검찰이 나서야 하지 않겠는가! 이번 사태를 계기로 우리는 다시 한 번 우리 울산사회가 깨끗하고 투명한 사회로 거듭날 수 있기를 바라마지 않는다. (2006.03.28)

울산시의 시정혁신 의지

울산시(시장 박맹우)의 시정 혁신의지가 무척 새로워 보인다. 울산시는 그 동안 추진해왔던 시정혁신 추진사항을 평가하고 새로운 혁신과제의 도출을 위하여 대학교수 등 10명으로 구성된 시정혁신 모니터단을 운영하기로 하였다.

민주주의의 가장 큰 장점은 민의를 존중하는 데 있다. 그러나 그것은 곧바로 민주주의의 가장 큰 약점으로 간주될 수도 있다. 플라톤은 자신이 가장 존경하던 스승 소크라테스가 민주적인 재판 과정을 통하여 아테네 시민들에게 사형 당하는 광경을 지켜보면서 민주주의 정치제도를 불신하게 되었다.

민주주의는 인류가 성취한 최선의 정치제도일 수 있다. 그러나 다수의 의견이 반드시 선은 아니라는 사실에서 전문가 집단의 의견과 자문을 참고할 필요가 있다.

그동안 울산시는 기획관리실을 중심으로 2004년부터 혁신분권 업무를 담당해왔으며, 고품질 서비스의 제공으로 고객중심의 감동행정을 구현하기 위하여 수많은 개혁과제를 도출·시행해 왔다. "보고(See), 느끼고(Feel), 변하자(Change)"는 혁신 슬로건을 내걸고, 혁신기반 구축(2004), 혁신확산 및 상호학습(2005)에 이어서 평가·보상 및 환류체계 강화(2006)

의 단계에 도달한 것이다.

이번에 결성된 시정혁신 모니터단의 주요 임무는 울산시가 추진한 혁신과제의 성과를 평가하고 이를 행정에 다시 반영함으로써 혁신행정의 질적 개선을 추구하자는 데 있다. 시정혁신 모니터단이 1차적으로 평가할 3개 과제는 결재문서 공개방 운영, 공중시설 온라인 예약서비스, 수요토론과 학습의 날 운영이다.

울산시는 2003년 12월부터 전국 최초로 결재문서 원본을 공개함으로써 투명하고 책임 있는 행정을 구현하기 위하여 노력해 왔다. 지금까지 6,042건의 문서를 홈페이지에 공개했다고 한다. 결재서류를 시민들에게 있는 그대로 공개한다는 것은 결코 쉬운 결정이 아니었을 것이다. 그러나 울산시는 이 조치를 실·과장 선까지 확대 시행함으로써 책임행정의 의지를 재천명하였다.

그 동안 입법, 행정, 사법을 막론하고 서류만큼은 보여주지 않으려고 발버둥쳤던 것이 사실이다. 정보공개법이 제정되었으나 민감한 사안에 대해서는 이런 저런 핑게를 대면서 서류 공개를 여전히 기피하고 있는 관공서가 많다. 그런데 울산시는 자진해서 주요 서류를 공개함으로써 시민들의 신뢰를 얻고 있다.

또한 울산시는 공공시설의 통합 데이터 베이스를 구축함으로써 울산시 소재 모든 공공시설의 온라인 예약 및 결재를 간편하게 할 수 있도록 하였다. 울산시 홈페이지에서 시민들은 문화관광, 교통지도, 전자도서 등 각종 정보를 자유롭게 활용할 수 있다. 물론 이와 같은 기초 정보들은 다른 시·도의 홈페이지에서도 접할 수 있겠지만, 울산시의 경우 시민들이 더욱 쉽고 편리하게 이용할 수 있도록 배려하였다.

더욱 흥미있는 것은 울산시 공무원들이 시민들에게 책임있는 행정을 구현하기 위하여 매월 첫 번째 수요일마다 부서별 토론을 실시해 왔다는 사실이다. 공무원들이 토론주제를 자율적으로 선정하고 발제자를 정한 다음에 자유롭고 화기애애한 분위기 속에서 가능한 모든 아이디어를 쏟아낼 수 있도록 한다는 것이다.

참여정부가 들어선 이후 우리 국민들은 혁신 노이로제 증후군에 시달리고 있다. 우리는 울산시의 혁신행정이 이같은 전철을 밟아서는 안 될 것이라고 생각한다. 개혁 피로증은 곧바로 삶의 질이 개선되었다는 만족감으로 바꾸어질 수 있어야 한다. 이명박 전 서울시장이 대중교통체계를 전면 개혁할 때 반발하였던 서울시민들 모두가 지금은 만족하고 있는 것처럼. (2006.09.25)

둘·· 국립대 유치 논란

국립대 설치 문제

울산시와 교육부 사이의 울산 국립대 유치 논의가 난항을 겪고 있는 것 같아서 매우 유감스럽다. 울산시는 대구, 광주, 대전 등과 같은 광역시로서 도시의 품격에 맞는 국립대학을 유치하기 위하여 고심하고 있다. 그러나 현재 우리나라의 정치행태뿐만 아니라 교육구조 역시 파행상태에 있기 때문에 울산시의 요구는 거의 무시될 수밖에 없는 처지이다.

울산시민들이 국립대 설치 문제에 각별한 관심을 가져야 하는 것은 바로 이 때문이다. 노무현 정부는 국가 정체성의 위기를 몰고 왔을 뿐만 아니라, 여러 정책결정 및 집행 과정에서 성실성의 위기에 직면하여 있다. 수도 이전 정책 역시 국민들의 합의 도출 없이 즉흥적으로 추진하다가 헌법재판소로부터 철퇴를 맞았지만, 정책입안자나 추진세력들 중에서 자신의 책임이라고 인정하는 사람은 아무도 없다. 울산 국립대 문제 역시 똑같은 경우에 속한다.

대통령 혼자서 모든 것을 결정하고 처리하는 시대가 아니라면 노대통령은 처음부터 울산 국립대 설립 문제를 자신 있게 거론하지 않았어야 했다. 대통령 선거공약이라고 해서 모두 실현되어야 하는 것은 아니다. 문제가 있으면 사실대로 알리고 이해를 구하는 방식으로 풀어가면 되는 것이다.

정부는 울산시가 국립대 신설안을 제출하는 과정에서 고도의 특성화 조건들을 요구하는 등 매우 까다롭게 굴었다. 우여곡절 끝에 울산시는 지난 10월 시민들의 의견을 수렴하여 두 개의 신설안을 제출하였다. 그러나 교육부는 지금까지 단 한 차례의 검토회의도 거치지 않은 상태에서 국립대의 신설은 불가능하며, 해양대의 울산 이전 이외에는 방법이 없다고 일방적으로 통보한 것이다. 더구나 울산시가 계속해서 신설을 고집하면 국립대 설립 자체가 무산될 수 있다는 엄포도 잊지 않았다.

이로써 노무현 정부와 여당의 속셈은 분명하게 드러난 셈이다. 지금 교육부의 입장을 살펴보면 울산시의 국립대 신설 계획은 처음부터 배제되어 있었던 것이 분명하다. 그러다가 노대통령이 성급하게 내던진 말을 수습하기 위하여, 울산시로 하여금 국립대 설치안을 제출하게 한 후에, 해양대 이전 이외의 다른 방법은 불가능하다고 선언한 것이다. 이것은 모양새만을 갖추기 위한 것으로서, 사실상 울산시민에 대한 정치적 사기행위이다.

대학인들이라면 누구나 울산지역의 국립대 설치 문제가 그렇게 쉽지 않다는 것을 알고 있으며, 어설프게 추진할 경우에 오히려 울산에 제대로 된 대학을 유치할 가능성이 영원히 사라질 수 있다는 사실을 잘 알고 있다. 현재 울산대학교와 선의의 경쟁을 할 수 있고 상호 협력할 수 있는 국립대학을 설립하는 것이 관건이었다. 그리고 어차피 신설이 불가능하다면 대학구조조정에 따른 재배치 차원에서 울산광역시 규모에 걸맞는 대학을 유치하는 것도 바람직한 방향이라고 생각해 왔다.

그러나 현재 진행 중인 한국해양대의 울산 캠퍼스 설치 문제는 전혀 그런 차원이 아니기 때문에 달갑지 않은 것이다. 해양대의 경우 특수목적 대학인 동시에 부산지역에서조차 그렇게 경쟁력 있는 대학으로 여겨지지 않고 있으며, 국립대학의 전국 순위가 어느 정도인지도 짐작할 수 없는 형편이다. 이런 정도의 대학을 유치하기 위하여 울산시가 행정력을 낭비하거나 심지어 시민의 혈세를 축내는 것은 너무나 허무한 일이다.

해양대학이 대학 자체의 존립을 위한 자구책으로서 울산 캠퍼스를 설립하는 것은 자유이며, 울산시가 개입할 일이 아니기 때문이다. 더구나 해양대는 울산으로 완전하게 이전하는 것도 아니다. 해양관련 학부는 부산에 그대로 남겨둔 채로 울산캠퍼스를 설치하여 어부지리를 얻자는 속셈이다. 울산시민들이 완전 이전을 요구할 경우에 그들은 난색을 표하면서 추가이전에 따른 과중한 재정부담을 울산시민들에게 요구할 것이 분명하다.

울산시민들에게도 자존심은 있다. 따라서 울산시는 너무 무리하지 말고 이 숙제를 다음 정권에서 푸는 것도 생각해볼 필요가 있다. (2004.11.29)

울산지역 국립대 유치 에피소드

울주군 반연지역이 울산국립대 설립부지로 확정되면서 그 동안 국립대 문제로 활약해왔던 강길부의원(열린우리당, 울산울주)에게 인터뷰를 요청하였다. 노무현대통령이 선거공약으로 제시해 놓고도 국립대 구조조정이라는 암초에 걸려 지지부진해왔던 울산국립대가 그 구체적인 윤곽을 드러내기까지 여러분들이 고생했지만, 특히 울산시와 교육부가 예산문제로 줄다리기를 하는 과정에서 강의원의 활약이 두드러졌다. 그 사건의 전모와 향후 울산국립대의 발전방향에 대하여 의견을 들어 본다.

대담자 : 김 진(울산대 철학과 교수), 강길부(열린우리당 국회의원)

☞김진교수 : 안녕하세요? 울산국립대 부지가 울주군 반연지역으로 확정됐는데, 소감이 어떻습니까?

☞강길부의원 : 울주 출신 국회의원으로서 참으로 기쁩니다. 그리고 울산국립대의 설립이 21세기 지식기반사회에 울산전체에 끼칠 파급효과와 영향력은 막대한 만큼 우리 울산시민 모두의 기쁨이라고 생각합니다.

☞김진교수 : 울산국립대 유치과정에서 가장 큰 고비가 있었다면 어떤 부분이었습니까?

☞강길부의원 : 전국적인 대학구조조정과 통폐합 과정에서 울산국립대가 신설되고, 그것도 당초 울산시가 부담하기로 한 건축비의 50%인 1,250억원을 포함한 건축비 전체를 정부가 부담하면서 울산국립대가 설립되는 것은 쉽지 않은 일입니다.

사실 교육부의 고충을 이해 못할 바는 아니었습니다. 대학구조조정·통폐합의 흐름 속에 국립대학이 없어지면 도시전체가 휘청이는 도시가 한둘이 아닙니다. 울산국립대 신설을 이유로 이들이 구조조정과 통폐합을 반대하면 어쩌겠습니까?

그러나 울산은 국립대가 없는 유일한 곳이요, 교육·문화시설의 부족으로 지역균형발전 정도가 15위인 곳입니다. 그리고 국립대는 국가가 설립·경영하는 대학입니다. 설립하지 않으면 모를까 설립하면서 설립비용을 과다하게 지자체에 부담시키는 것은 옳지 않다는 점을 강조했습니다.

저는 참으로 강하고 단호하게 울산국립대 신설과 건축비 정부 부담의 당위성을 교육부, 청와대, 기획예산처, 국무총리실, 열린우리당을 상대로 설득했습니다.

☞김진교수 : 우리들 울산시민의 입장에서는 국립대 유치가 너무나 반가운 일이지만, 우리나라 전체의 입장에서 볼 경우에는 잘못된 선택이 아니냐는 지적도 있습니다. 특히 현재 구상하고 있는 대학 규모로는 경제성 있는 운영 자체가 어려운데, 실패할 위험은 없는 것인지요?

☞강길부의원 : 그 점에 대해 노무현 대통령께서 명백한 답변을 한 바가 있습니다. 2004년 1월 29일 '지방분권 및 국가균형발전시대 선포식'에서 노무현 대통령은 "농촌이 폐교

한다고 하여 도시에 학교를 새로 안 지을 수 있느냐? 110만 도시 울산에는 국립대가 반드시 필요하다고 생각한다."고 말씀하시고, 2005년 8월 23일 '지방언론사 편집국장단과 간담회'에서 "전국적으로 (대학을) 줄인다고 수요가 있는 곳을 억지로 막으면 되겠는가? 줄일 데는 줄이고 늘릴 데는 늘여야 한다. 사람이 있는 곳에 학교를 세워주는 것이 맞다."고 말씀했습니다.

기업구조조정이 일률적인 인원감축이 아니듯 대학구조조정도 일률적 감축이 아니라 필요 없는 곳은 줄이고 필요한 곳은 늘리는 것을 의미하며 이점을 대통령께서 명백히 판단하고 계셨기에 울산국립대 설립이 가능했다고 봅니다.

대학 입학정원이 1,500명이 대학손익분기점이라고 합니다. 울산국립대는 처음에는 1,000명으로 시작하여 점차 1,500명으로 늘릴 예정입니다. 또한 울산국립대는 국립대 법인화의 최초 모델이자, 산·학·연 특성화대학의 모범케이스로서 추진하는 만큼 경제성 있는 운영이 가능하다고 판단합니다. 울산은 우리나라 최대의 공업도시로 국내 대기업이 집합해 있어 국립대 특수법인화가 가장 성공할 수 있는 최고의 모범도시입니다.

☞김진교수 : 강의원께서 지난 1년간 송사에 시달리느라 사실상 국립대 문제에 관심을 가질 수가 없었던 사실을 잘 알고 있습니다. 그러다가 울산시가 어렵게 협상해서 얻을 결과를 의원님께서 갑자기 끼어드는 바람에 국립대가 아예 무산되는 것 아니냐는 우려도 있었고, 늦게 끼어들면서 다른 사람들의 공을 빼앗은 것이 아니냐는 비판의 목소리도 있는

데, 그 점에 대해서는 어떻게 생각하십니까?

☞강길부의원 : 김 교수님의 질문은 전적으로 오해에서 비롯된 것입니다. 제가 재판에 고통 받은 것은 사실입니다만 국립대 문제에 관심을 가지지 않은 것은 아닙니다. 특히 제가 울산시 공을 빼앗기 위해 국립대 설립 무산의 위험까지 감수해가며 갑자기 끼어들었다는 것은 정말 사실과 다릅니다.

솔직히 울산시민의 오랜 염원인 울산국립대가 신설되고 그 부담이 최소화된다면 그게 누구 공이면 어떻습니까? 그리고 울산시민을 위한 일에 내 공이 있고 네 공이 있겠습니까?

그리고 "늦게 끼어들면서 다른 사람의 공을 빼앗았다"는 말 자체가 성립될 수 없는 말입니다. 교육부와 울산시의 협상에 문제가 있으면 당연히 지적할 수 있는 것이지요. 저의 문제 지적으로 당초 울산시가 부담하기로 한 건축비의 50%인 1,250억원을 포함한 건축비 전체를 정부가 부담하게 되었고 그만큼 울산시민 부담이 줄어들었습니다.

고등교육법에 분명히 국립대는 국가가 설립·경영하도록 규정되어 있음에도 불구하고, 시립대도 아니면서 울산시가 부지비와 건축비의 1/2을 울산시가 부담함으로써 전체 설립비용의 2/3를 부담한다는 게 말이 됩니까? 그걸 지적한 것을 두고 "늦게 끼어들면서 다른 사람의 공을 빼앗았다"고 하는 사람이야 말로 울산시민의 부담은 안중에도 없고, 자기의 공만 생각하는 사람이 아니고 무엇이겠습니까?

사실 울산국립대 유치에 노력하면서 가장 힘든 일은 그 점이었습니다. 국립대 무산을 획책한다고 근 한 달간 비판받았습니다. 8월 17일 부산고법 무죄판결 후 몇몇 기자들과 함께

한 자리가 있었습니다. 그날 저는 울산국립대 관련 시민부담에 대해 배경을 설명하면서 어느 누구도 부당함을 지적하지 않고 침묵하는데 대해 "울산시민은 다 죽었느냐?"라며 책상을 치고 울분을 토하기까지 했습니다.

사실 제가 울산국립대 신설안을 처음 들은 것은 정부를 통해서가 아니라 6월 14일 지역 국회의원과 울산시장과의 간담회에서였습니다. 전체 설립비의 2/3를 울산이 부담하는 참으로 부당한 내용이라고 생각했지만 울산시는 아직 확정된 것이 아니므로 대외비를 지켜달라고 했습니다.

지난해 7월 12일 모 방송 토론회(공공기관 이전 관련)에서 저는 울산시의 울산국립대 2/3 부담의 부당함을 지적했지만, 여론악화를 고려하여 삭제편집하자는 요청에 동의한 바도 있습니다. 또 지난해 8월 16일 이종갑 교육부 대학정책국장, 최진명 과장과 오찬을 하며 울산국립대 시민부담 최소화를 설득했습니다만, 그 자리에서 이종갑 국장은 "전체 설립비의 2/3 부담은 교육부의 요청에 의해 울산시청에서 수용의사를 표시하므로 교육부로서는 신설의 부담을 덜어주는 것이므로 그리되었다"고 얘기했습니다. 저는 울산시청과 교육부가 협의하고 있는 설립안이 부당했기 때문에 그 점을 지적한 것뿐입니다. "무늬만 국립대지 실상은 시립대"가 아닙니까? 저는 교육부에게 "이런 국립대 안이라면 나는 절대 받을 수 없다. 여당의원이 반대하면 절대로 그냥 넘어가지 않는다"고 강력히 항의했습니다. 주무장관인 김진표 교육부총리와는 심하게 말다툼까지 했습니다. 고성이 오가고 멱살잡이까지 갈 정도에 이르렀습니다. 김부총리는 후에 "평소 강의원은 말수도 적고 얌전한 분이신데 깜짝 놀랐습니다"라고 말하기도 했습니다.

☞김진교수 : 의원님은 울산국립대 유치에 가장 헌신적으로 고생한 사람들이 누구라고 생각하십니까? 그리고 그 이유는?

☞강길부의원 : 전적으로 울산시민 전체의 단합된 힘과 축적된 역량의 결실이었다고 생각합니다. 그리고 박맹우 시장을 비롯한 울산시청 직원들, 그리고 유치위원회 분들, 시민단체 등 많은 분들께서 자기 분야에서 열심히 노력한 덕택으로 오늘의 성과가 있었다고 생각합니다.

☞김진교수 : 울산지역 모 일간지에 연재됐던 의원님의 에피소드를 읽은 적이 있습니다. 대학건축비 2천5백억원을 모두 국가재정으로 돌리는데 의원님께서 결정적인 역할을 하셨던 것으로 기억하는데, 그 동안 다른 의원들이나 울산시에서 건축비 분담을 당연하게 받아들였던 이유가 어디에 있다고 생각하십니까?

☞강길부의원 : 앞에서도 말씀 드렸습니다만 지난해 8월 16일 이종갑 교육부 대학정책국장, 최진명 과장과 오찬을 하며 울산국립대 시민부담 최소화를 설득했습니다만, 그 자리에서 이종갑 국장은 "전체 설립비의 2/3 부담은 교육부의 요청에 의해 울산시청에서 수용의사를 표시하므로 교육부로서는 신설의 부담을 덜어주는 것이므로 그리되었다"고 얘기했습니다.

아마도 전국적인 대학구조조정과 통폐합의 과정에서 울산국립대를 신설하는 만큼 교육부의 입장을 감안하고 어떻게 해서든 국립대는 설립해야겠다는 마음에서 그렇게 양보한 듯합니다. 그러나 그것은 원칙에 어긋납니다. 그렇게 하면 시립대지, 국립대가 아니지 않습니까? 일부에서는 실제로 울산국립대를 시립대처럼 운영하고자 하는 마음이 있지 않았느냐는 분석이 있기도 합니다.

☞김진교수 : 혁신도시가 중구로 결정되고 국립대마저 북구에 유치할 분위기가 만만치 않았는데, 결국 울주군 반연지역으로 확정되었습니다. 특별한 노력이나 전략 같은 것이 있었습니까?

☞강길부의원 : 울산국립대가 울주 반연으로 확정된 것은 중요한 의미를 갖습니다. 21세기 지식정보산업시대에 교육은 최상의 경제요, 대학은 지역발전의 핵심입니다. 이제 대학은 산업과 경제의 중심축으로 부상하고 있습니다.

대학은 장래발전을 고려하여 넓은 부지를 확보하고, 기업은 대학 주변으로 이전하여 대학의 우수한 연구역량을 활용, 공동연구와 창업으로 함께 발전합니다. 이처럼 현대 대학이 산학연의 중심축이자, 도시형성의 중심축이 되고 있기 때문에 입지도 도심부에서 주변부로 옮겨가고 있는 추세이며, 넓은 부지와 확장 가능성이 주된 요건이 되고 있습니다.

그런 점에서 이번에 확정된 울주 반연은 고속철역과는 5~10분 거리, 혁신도시가 입지한 중구도심지와는 20분 거리의 교통이 편리한 지역으로, 울산국립대 입지의 최적지라고 할 수 있습니다. 이런 점을 강조하여 설득했습니다. 그 결과 울산시 추천위원회나 정부 입지선정자문반 모두 압도적으로 반연을 추천했습니다.

이제 울주 반연에 들어설 국립대는 울산 발전의 새로운 중심이 될 것이고, 울산은 국립대를 중심으로 다시 한 번 도약할 것입니다. 또한 국립대가 들어설 반연지구는 고속철 역세권지역으로서 오래 전에 도시기본계획으로 나와 있는 것처럼 울산의 부도심축으로 발전할 것입니다.

☞김진교수 : 울산 이전 대상 기관들의 노조를 중심으로 중구 지정이 잘못되었다고 이의제기를 하고 있는데, 의원님께서는 혁신도시의 위치선정에 어떤 입장이십니까? 국립대와 혁신도시가 인접해 있는 것이 더 효율적이라고 생각하지는 않습니까?

☞강길부의원 : 지난 해 혁신도시 입지 선정 과정에서 중구 우정지구와 고속철 역세권을 두고 심각한 갈등을 겪었습니다. 이전기관 노조들은 아직도 우정지구 이전을 받아들이지 않고 있고, 최근 혁신도시 입지선정 무효소송까지 제기했습니다.

저는 혁신도시 입지를 중구 우정지구로 선정한 것은 두고두고 역사의 심판을 받을 것으로 생각합니다. 울산의 백년대계를 생각할 때 혁신도시는 고속철 역세권에 들어서야 했고, 울산으로 내려오는 이전기관 직원들도 설문조사 결과 94.5%가 나올 정도로 압도적으로 역세권을 선호했습니다.

이전기관 직원들이 역세권을 선호하는 것은 당연합니다. 이전 공공기관들은 중앙부처와 전국을 상대로 업무를 수행하므로 혁신도시가 행정중심복합도시에 1~2시간 정도에 도달할 수 있어야 업무효율성과 기관의 경쟁력 확보가 가능하기 때문입니다.

반면 우정지역은 울주군보다 인구밀도가 27배나 과밀한

도심지로서 중구 단독주택지구의 재개발과 혁신도시건설로 북부순환도로가 마비될 우려가 있습니다. 앞으로 2010년 고속철이 완공된 시점에는 굴화·백천지구 아파트 건설로 4만 명 이상의 인구 증가가 예상되며, 이로 인해 고속철 유일의 접근로인 국도 24호선이 엄청난 교통체증을 초래할 가능성이 대단히 높습니다.

따라서 이전기관의 입장에서는 주된 업무파트너인 행복도시 정부기관과의 업무효율성을 확보하지 못해 자칫 업무의 마비를 가져올 수 있습니다. 에너지 절약적 도시개발의 기본원칙에도 어긋납니다. 또한 우정지역은 인구유발시설인 공공기관을 수도권에서 이전시키면서 결국 울산의 도심권에 배치한다는 점에서 국토균형발전을 위해 공공기관을 지방에 이전하는 공공기관 지방이전의 기본원칙에 어긋나는 지역입니다.

이런 결정은 다른 지역의 혁신도시 입지가 모두 도시 외곽에 입지한 사례에 비춰봤을 때 참으로 잘못된 것이요, 울산 백년대계(百年大計)에 역행하는 일이라고 생각합니다. 또한 지금 이전대상 기관들이 계속 반대를 하고 있고, 일부 기관들은 행복도시 및 수도권과의 접근성이 보장되지 않으면 기관의 경쟁력을 잃어버려 사실상 존폐의 위기에 처한다고 주장하고 있는데 이들의 주장을 완전히 묵살해도 되는 것인지 생각해볼 문제라고 생각합니다.

☞김진교수 : 울산대학교가 이번 지방에서는 유일하게 '최우수'대학으로 선정되었습니다. 울산대학교는 아시다시피 정몽준의원이 이사장이고, 현대중공업의 도움을 받고 있습니

다. 그러나 대학정원이 3,000명이기 때문에 자립경영에 많은 어려움이 있습니다. 국립대의 경우는 그 절반에도 미치지 못하는 1,000명에서 1,500명 수준이고, 국립이기는 하지만 우리나라 최초로 독립법인의 형태로 설립됩니다. 이 경우에 엄청난 규모의 대학발전기금의 조성이 필수적인데, 의원님께서는 그것이 가능하다고 보십니까?

☞강길부의원 : 글쎄요. 대학에 '규모의 경제'가 적용되는 것은 아니라고 생각합니다. 규모가 클수록 좋은 것도 아니라고 생각합니다. 전문가들은 입학정원이 1,500명을 넘으면 제대로의 대학교육이 불가능하다고 지적합니다. 세계적으로 유명한 대학은 대부분 입학정원이 1천명 내외입니다. 인구 2억 8천명의 미국에서 소위 최상위권 10개 대학 졸업생이 매년 1만명 남짓에 불과합니다. 서울대도 입학정원을 줄여서 3,000명 이하로 할 계획이며, 포항공대는 학부 300명, 대학원 530명의 작은 대학입니다.

현재 울산국립대의 혁신시스템으로 검토되는 내용은 특수법인 국립대, 총장 간선제, 교수전원 계약제 임용, 맞춤·주문식 학과, 산학협력 교육 등입니다. 기존 국립대가 특수법인으로 전환되는 데는 많은 저항이 있겠지만 신설 울산국립대는 특수법인 도입에 어려움이 없습니다.

이처럼 신설 대학의 장점을 살려 이미 세계적으로 검증되었으나 기존 대학에서는 도입하기 어려웠던 첨단의 혁신시스템을 적극 채택함으로써 후발 주자의 약점을 보완하는 동시에 짧은 기간 내에 일류대학을 따라잡도록 해야 합니다.

저의 노력으로 당초 울산시가 부담하기로 한 건축비의

50%인 1,250억원을 포함한 건축비 전체를 정부가 부담하는 대신 울산시는 매년 100억원씩 15년간 총 1,500억원 규모의 대학발전기금을 조성하여 대학에 제공하기로 양해각서에 명시되어 있습니다. 건축비는 정부가 담당하되 대학발전기금을 울산이 조성하는 것입니다. 울산국립대가 일류대학이 되기 위해서는 꼭 필요하며, 가능하다고 생각합니다.

☞김진교수 : 울산대학교의 가장 큰 약점은 우수한 신입생 유치 문제입니다. 국립대가 설립되더라도 3~4등급 학생들이 입학할 것이라고 전제한다면, 울산국립대의 발전 가능성도 이미 한계를 가지고 있지는 않겠습니까? 그렇지 않다면 우수 학생을 유치할 수 있는 특단의 대책이 있는 것입니까?

☞강길부의원 : 적정규모의 대학 정원으로 최고급의 교육이 가능하고, 산·학·연 연계를 통한 특성화 교육이 가능하다면 전국의 유능한 인재들이 모일 것으로 생각합니다. 나아가 등록금이 사립대에 비하여 저렴하고, 울산의 기업이 필요로 하는 인재를 기업과 연계하여 양성하고 졸업생 전체에 대해 입사할 수 있는 시스템을 마련한다면 가능하다고 봅니다.

☞김진교수 : 앞으로 울산국립대의 설립, 발전계획 등을 꾸려갈 주체는 어떤 방식으로 탄생하는 것입니까? 교육부입니까? 울산시입니까? 아니면 열린우리당 울산지부입니까?

☞강길부의원 : 국립대는 국가가 설립·운영하는 대학인만큼 당연히 교육부입니다. 울산국립대의 입지가 울주 반연지구로 확정되는 지난 24일, 정부합동청사에서는 '울산국립대 건설추진단'이 발족했습니다. 시설에 대한 마스터플랜과 건설은 추진단에서 담당할 것입니다.

☞김진교수 : 울산국립대 현안 중에서 가장 중요한 것은 학과 선택일 것 같은데, 울산시 국립대설립기획단에서 어느 정도 윤곽을 내놓고 있는 것 같습니다. 울산대학교에 없는 사범(교육)대학, 약학대학 등은 필수일 것 같은 의원님이 특별하게 구상한 것이 있습니까?

☞강길부의원 : 현재 교육부는 정기오 교원대 교수를 연구책임자로 하는 학과구성을 위한 자문반을 운영하고 있습니다. 조만간 잠정안을 마련하여 3월말에 울산에서 공청회를 개최하고, 혁신적인 운영방안은 4월 이후 잠정안을 마련할 계획입니다.

울산국립대는 기본적으로 공과대와 경제·경영학부, 그리고 사범대학으로 구성되는 것으로 되어 있습니다만 자세한 학과는 기업의 요청이 무엇인지 파악, 그에 초점을 맞춰 결정해야 할 것으로 생각합니다. 예를 들어 2003년 울산시 통계에 따르면 기계·자동차, 조선·해양, 정밀화학, 환경 분야는 취업추천 의뢰수가 졸업생수보다 많았다고 합니다. 필요하다면 사업대학 교직과목의 설치를 교육부와 협의하여 설치가능하다고 봅니다.

☞김진교수 : 울산국립대의 성공 여부는 학과 선택, 대학발전기금 조성, 우수학생 및 우수 교수진 유치 등에 달려 있습니다. 이 모든 노력에도 불구하고 울산국립대가 다른 도시의 국립대 수준에 미치지 못할 경우에, 차라리 울산대학교에 정원 1,000명을 더 늘려주고 국립대 수준으로 등록금을 낮추는 것이 더 좋았을 것이라는 비판에 직면할 수도 있을 것입니다. 그리고 자립 경영이 가능한 규모의 대학으로 통합하는 것

이 추세인데, 앞으로 울산대학교와 울산국립대의 통합이 필요할 경우에는 현실적인 어려움이 있더라도 적극 나설 생각입니까?

☞강길부의원 : 울산대에서 그런 의견이 있다고 들었습니다. 대학은 '규모의 경제'가 적용되는 분야가 아니라고 생각합니다. 오히려 울산국립대 신설은 울산지역의 지식시장을 경쟁체제로 전환함으로써 경쟁을 통한 상호발전을 촉진시킬 것입니다. 이는 결국 울산발전으로 결과 될 것입니다. 울산대학교는 사립대학이고, 울산국립대는 국립대학인 만큼 통합이 불가능합니다. 서로가 경쟁을 통해 동반 성장해야 할 것이라 확신합니다.

☞김진교수 : 울산국립대 부지확정을 계기로 특별히 시민들에게 당부하실 말씀이 있습니까?

☞강길부의원 : 고대하던 울산국립대 설립이 마침내 본격화되었습니다. 참으로 울산국립대 설립은 이제부터라고 할 수 있습니다. 울산국립대의 설립이 21세기 지식기반사회에 울산전체에 끼칠 파급효과와 영향력은 막대합니다. 울산발전과 미래를 향한 큰 발걸음에 함께 축하하며 명실상부한 명문의 국립대가 건설됐으면 하는 마음 간절합니다.

☞김진교수 : 오랜 동안 인터뷰에 응해주셔서 감사합니다. 앞으로 울산시의 발전과 우리나라의 미래를 위하여 더욱 더 의정활동에 매진하여 주시기 바랍니다. 감사합니다.

(2006.03.02)

울산지역 국립대의 이상과 현실

지난 2월 24일 국가균형발전위원회 산하 울산국립대학설립추진특별위원회는 울산 국립대학의 설립부지를 울주군 언양읍 반연지구로 결정하였다. 김영삼 대통령 후보가 공약으로 내세웠던 1992년, 그리고 노무현 대통령 후보가 공약으로 내세웠던 2002년으로부터 각각 14년과 4년이 지난 시점이었다. 울산시민들의 꿈과 염원이 실현되는 순간이었다.

지금 정부가 추진하고 있는 대학구조조정 개획에 비추어 볼 때 울산에서의 국립대학 설립은 사실상 기적에 가까운 일이었다. 정치적으로 복잡한 계산이 있었겠지만 노무현 대통령의 의지가 결정적이었다고 본다. 물론 박맹우 울산시장을 비롯한 울산출신 정치인들과 지역인사들의 노력도 무시할 수 없다. 울산 시민 모두가 기뻐해야 할 큰 사건임에 틀림이 없다.

그러나 국립대학안은 이제 출발점을 지났을 뿐이다. 그것이 어떤 그림으로 나타날지는 아직 아무도 모른다. 모든 것이 만족할만한 성과를 이루어 내려면 예상되는 문제점을 면밀하게 지켜봐야 할 필요가 있다. 이미 울산시에는 울산국립대설립추진기획단이 설치되었으며, 학과구성 등 구체적인 사안에 대한 정책연구가 진행 중에 있다.

언양 반연지구가 국립대 설립부지로 확정될 당시 필자는 강길부 의원(울산 울주)과 인터뷰를 한 적이 있는데, 그는 울산 국립대를 미국 매사추세츠공과대학(MIT)과 같은 수준으로 키워나가겠다는 포부를 펼친 바 있다. 지나치게 낙관적이었다는 인상을 받았다. 그에 걸맞는 예산계획이 제시되지 않고 있어서, 필자로서는 울산 국립대의 지향 목표를 너무 높게 잡았다는 회의를 떨쳐낼 수 없었다.

대학운영에도 적정한 '규모의 경제'가 요구된다. 일반적으로 우리는 대학이 자체적인 수익성 구조를 갖기 위해서는 입학정원이 4,5천명 이상은 되어야 한다고 보고 있다. 2004년 2월 5일에 박맹우 시장이 교육부에 제출한 입학정원 3,500명 규모의 설립안은 '규모의 경제'에 가깝다. 그러나 대학 구조조정이 가파르게 진행되고 있는 상황에서 그 안이 수용될 가능성은 사실상 불가능했다. 울산대학교는 입학정원 3천명으로서 현상유지를 하고 있으며, 외부지원이 없을 경우 대학발전을 기대할 수 없다.

'규모의 경제'가 전제되지 않은 경우에는 특별예산이 확보되어야 한다. 강길부 의원은 정부가 울산국립대를 특별독립법인의 형태로 시험 운영할 것이므로 파격적인 예산지원이 있을 것이라고 낙관하고 있고, 울산시가 1년에 100억원씩 15년간 대학발전기금을 지원한다는 양해각서가 체결되었다고 강조한다. 그러나 정부가 수많은 국립대를 제쳐두고 울산에만 특별지원을 한다는 보장은 전혀 없다. 울산시의 약속 역시 시 예산이 적자로 돌아설 경우 지원이 불가능할 수 있다.

MIT와 같은 수준의 대학을 만들겠다는 포부는 있지만, 현실적으로 재정 능력을 확보하지 못한 어려움이 있다. 포항공대의 경우 입학정원은 300명이지만, 1년 예산 2,100억원에 달한다. 등록금 총수입은 151억원이며 총 예산의 10%에도 미치지 않는다. 이번에 '최우수대학'으로 평가받은 울산대학교는 입학정원 3,000명에 1년 예산 이 1,800억원이다. 등록금 수입은 891억원이다. 울산대는 포항공대 입학정원 300명의 10배에 달하지만 총예산은 포항공대 2,100억원보다 낮은 1,800억원에 그친다. 대학의 질적 차이는 이렇듯이 예산에서 분명하게 판가름되는 것이다.

울산 국립대의 경우 건설비 2,500억원은 기본적으로 드는 것이고, 입학정원 1,000명일 경우 등록금 수입을 250억원으로 잡더라도, 포항공대 수준의 예산을 기준으로 할 경우에 연간 2,500억원 정도가 필요하고, 울산대학교 수준으로 할 경우에는 연간 1,500억원 정도가 소요된다. 따라서 울산 국립대학의 성공은 예산 충당에 대한 철저한 계획 수립에 달려 있다는 사실을 확인할 수 있다. (2006.03.28)

울산지역 국립대가 성공하려면

지난 2월 24일 울산 국립대학의 설립부지가 언양반연지구로 확정되면서 김영삼 대통령 후보가 공약으로 내세웠던 1992년, 그리고 노무현 대통령 후보가 공약으로 내세웠던 2002년으로부터 각각 14년과 4년 만에 울산시민들의 꿈과 염원이 실현되었다.

정부가 추진하고 있는 대학구조조정 계획에 비추어 볼 때 울산에서의 국립대학 설립은 사실상 기적에 가까운 일이었다. 정치적으로 복잡한 계산이 있었겠지만 노무현 대통령의 의지가 결정적이었다고 본다. 울산 시민 모두가 기뻐해야 할 큰 사건임에 틀림이 없다.

언양 반연지구가 국립대 설립부지로 확정될 당시 필자는 강길부 의원과 인터뷰를 한 적이 있다. 강의원은 울산 국립대를 미국 메사추세츠공과대학(MIT)과 같은 수준으로 키워 나가겠다는 포부를 펼친 바 있다. 지나치게 낙관적이라는 인상을 받았다. 그에 걸맞는 예산계획이 제시되지 않고 있기 때문이다.

대학운영에도 적정한 '규모의 경제'가 요구된다. 일반적으로 우리는 대학이 자체적인 수익성 구조를 갖기 위해서는 입학정원이 4,5천명 이상은 되어야 한다고 보고 있다. 2004년 2월 5일에 박맹우 시장이 교육부에 제출한 입학정원 3,500명 규모의 설립안은 규모의 경제'에 가깝다. 그러나 대학 구조조정이 가파르게 진행되고 있는 상황에서 그 안이 수용될 가능성은 사실상 전무했다.

참고로 울산대학교는 입학정원 3천명으로서 현상유지에 급급하고 있으며, 외부지원이 없을 경우 더 이상의 대학발전을 기대할 수 없는 실정이다.

규모의 경제'가 전제되지 않은 경우에는 대학발전기금 등 특별예산이 확보되어야 한다. 강의원은 울산국립대의 특별독립법인의 형태에 따른 정부의 파격적인 예산지원과 1,500억원에 달하는 울산시의 대학발전기금안에 낙관적인 기대를 걸고 있다. 그러나 정부가 수많은 국립대를 제쳐두고 울산에만 특별지원을 한다는 보장은 없으며 울산시의 약속 역시 시 예산이 적자로 돌아설 경우 실현 불가능할 수도 있다.

MIT와 같은 수준의 대학을 만들려면 천문학적 예산 확보가 필수적이다. 그러나 울산 국립대는 그에 따른 예산 확보계획을 세우지 못하고 있다. 포항공대의 경우 입학정원은 300명이지만, 1년 예산은 2,100억원에 달한다. 이번에 '최우수대학'으로 평가받은 울산대학교의 입학정원은 3,000명으로서 포항공대의 10배에 달하지만, 총예산은 포항공대보다 낮은 1,800억원에 그친다. 대학의 질적 차이는 이렇듯이 예산에서 분명하게 판가름되는 것이다.

울산 국립대의 경우 건설비 2,500억원은 기본적으로 드는 것이고, 입학정원 1,000명의 대학을 포항공대 수준으로 운영할 경우에 연간 2,500~3,000억원 정도가 필요하고 울산대학교 수준으로 할 경우에는 연간 1,500억원 정도가 소요된다. 예산 충당에 대한 철저한 계획 수립이 필요한 것은 이 때문이다.

그밖에도 울산 국립대학이 성공하기 위해서는 교수진 구성과 학과 선택에 신중을 기해야 한다.

지금 우리나라에서는 취업하지 못한 교수요원들이 많기 때문에 신설대학의 경우 우수 교수의 확보는 큰 문제가 아니라고 생각된다. 다만 국립대 설립위원회 활동과 관련된 일부 교수들이 검증작업 없이 영입되는 것은 철저하게 방지해야 할 것이다. 한두 마리의 미꾸라지가 물을 흐릴 수 있기 때문이다.

가장 큰 문제는 학과 선택이다. 울산대학교와 중복을 피하면서 경쟁력 있는 학과군을 모색해야 한다. 한의학, 약학, 교육대학(국 · 영 · 수)은 필수적이고, 특성화된 공과대학을 기본으로 해야 한다. 학과선택에 성공하면 우수학생 유치 문제는 저절로 해결될 것이다.

우리 모두가 만족할 수 있는 대학을 만들기 위해서는 시민들의 적극적인 관심이 요청된다. (2006.03.30)

이름은 이데올로기이다

울산시와 국립대설립추진위가 교명(校名)을 정하지 못하고 고심하고 있다.

지난 11월 8일에 시민 공모를 마감한 결과 772명 1,150건의 응모가 접수되었으며, 그 중에서 유텍대학교, 동남대학교, 한울대학교, 울산과학기술대학교, 울산글로벌대학교의 5건을 국립대추진위에 상정하였으나 모두 부적절한 것으로 평가되었다. 사실상 울산시가 선정한 다섯 개의 교명은 정부의 의도나 시민들의 염원을 반영하는데 역부족이었다.

노무현 정부는 울산에 설립할 국립대의 모형이 향후 국립대 구조조정의 성패를 좌우한다고 믿고 있다. 그래서 교명에서부터 그들만의 특별한 빛깔을 담고 싶어한 것이다. 그러나 그것은 처음부터 잘못된, 이루어질 수 없는 계산일 수밖에 없다.

노무현 정부가 울산지역의 국립대 설립을 대선공약으로 제시하고 이를 실천한 것은 우리나라의 대학정책 방향과 역행하기 때문에 대단한 결정이라고 하지 않을 수 없다. 울산시민으로서는 당연히 감사하게 여겨야 하겠지만, 이 대학이 기존 대학과의 치열한 경쟁을 치룰 수 있을 것인지에 대하여 대부분의 전문가들은 회의적인 반응을 보이고 있다.

울산 지역에 국립대학이 필요하다는 시민들의 일반적인 희망과 수요가 충족되기는 하였지만, 앞으로 설립될 국립대학이 시민들이 바라는 것처럼 저렴한 학비에 우수한 교육을 받을 수 있는 대학이 될 수 있는지가 불투명하기 때문이다.

우선 특수법인의 형태로 운영되기 때문에 등록금 인상은 불가피하며, 우수대학의 반열에 오르기 위하여 급속한 투자를 할 경우에 미국의 유명 주립대학들처럼 사립대학의 등록금보다 더 많은 부담을 안게 될 가능성도 배제할 수 없다.

우리나라 대학교육의 현실을 감안할 경우에 울산지역의 국립대학을 특수법인으로 육성할 의도가 있었다면 최근 부산대가 차지하였던 한의학전문대학원을 배정해 주었어야 마땅하였다. 교육부는 현실성도 없는 교육전문대학원의 설치를 제안했다가 그마저도 없던 일로 돌리고 있는 실정이다.

이러한 사실은 정부가 울산지역의 국립대 설립을 적극적으로 지원하지 않고 있으며, 현실적으로 지원할 수 있는 방법도 가지고 있지 않다는 사실을 반증한다. 그들이 진정으로 울산 지역의 국립대를 새로운 법인화 모델로 삼기를 원했다면 한의학전문대학원을 부산대학교로 배정할 이유가 없었을 것이다.

이름은 이데올로기이다. 부모들은 자신들의 꿈과 소망을 자녀들의 이름에 담고자 한다. 그래서 노무현 정부도 울산지역의 국립대에 그들의 꿈과 이상을 담아보려고 할 것이다. 그러나 그렇게 붙여진 이름은 사실들의 그림이 아니며, 따라서 사실들의 본질과 의미를 드러낼 수 없다.

국립대설립위가 교명 선정에서부터 난항을 거듭하는 것은 바로 그들의 설립 목적이 분명하지 않기 때문이다. 지역성을 강조할 경우에 '울산'보다 더 역사성을 지니고 있는 '울주'가 있으며, 이 지역의 사상, 문화적 배경을 염두에 둘 경우에 '문수', '태화', '반구대' 등이 있으며, 지역적 특성과 인물을 감안할 경우에 '간절곶', '외솔' 등을 채택할 수 있을 것이다. 이 모두가 너무나 좋은 이름들이다. 이를 마다하는 것은 정책입안자들의 생각이 다른 데 있기 때문이다.

비록 극소수이지만 일부 시민들이 울산대학교가 지역명을 선점한 것에 대하여 불편한 심기를 드러내는 것은 잘못된 일이다. 울산대학교는 그동안 지방 명문대학으로 도약하였으며, 더 좋은 대학으로 발전할 수 있도록 범시민적 지지와 성원을 아끼지 않아야 할 것이다.

이름은 이데올로기이다. 국립대설립위가 울산지역의 국립대학에 적절한 이름을 찾아주려면 자신들이 생각하는 설립 목적과 대학의 이념을 분명하게 밝히는 것이 중요하다.

(2006.11.24)

울산지역 국립대 스캔들

드디어 걱정하고 우려하던 일이 현실화되고 말았다.

주체도 불분명하고 성격도 해괴하기 이를 데 없는 한 단체가 국립대 발전기금 조성이라는 공적 사업 명분을 앞장세워서 대학설립과 아무런 관계도 없는 사적인 사업 구상까지 추진하고자 한 것으로 나타났다.

문제의 단체는 '(가칭)재단법인 울산국립대학발전 범시민지원단'이다. 이 단체는 일부 시민들에 의하여 발족된 민간단체에 지나지 않지만, 그 명칭 때문에 울산지역에서의 국립대 설립 지원을 위한 법적 기구로 오인될 소지가 매우 크다.

대학의 발전기금 조성은 세계적인 추세이며, 대학의 경쟁력을 높이는 데 결정적으로 작용한다. 그러나 일반적으로 대학의 발전기금 모금은 민간단체가 수행하는 것이 아니고, 대학 자체에서 주체적으로 추진하고 있다.

현재 국내의 모든 대학들은 자체 부서를 통하여 대학발전기금을 조성하고 있다. 따라서 울산지역의 국립대 설립과 발전에 필요한 특별기금을 마련할 필요가 있다면 법안이 통과되고 신임총장이 결정된 이후 대학 자체에서 모금하는 것이 마땅할 것이다.

그런데 이 단체는 울산 지역의 국립대 설립법안이 통과되지도 않은 상태에서 발빠르게 국립대 발전기금이라는 명목 아래 7천억원의 조성 계획과 그 사용처까지 밝힘으로써, 사실상 울산 지역에서의 국립대 설립과 관련된 최초의 스캔들을 만들어 내기에 이르렀다.

울산시민들이 혼란스러운 것은 이 단체가 총 7천억원의 대학발전기금 모금액 중에서 울산시와 울주군으로부터 1,500억원의 출연금을 기탁받을 것이라고 발표한 점이다. 울산시와 울주군이 어떤 법적 근거에서 이 단체에 그런 기금을 맡길 수 있는지 도무지 이해할 수 없으며, 이 부분에 대해서는 관련 공무원의 책임있는 해명과 답변을 요구하는 바이다.

차제에 울산시는 국립대 추진단과 이와 같은 사설 단체들이 혼동되지 않도록 분명하고도 단호하게 정리해 줄 것을 요구한다. 또한 이들이 지역 출신 국회의원들에게 고문으로 참여할 것을 종용함으로써 실질적인 권력기구화를 획책한 사실 역시 주시할 필요가 있으며, 국립대의 설립과 관련하여 지역 기업체에 대한 기부행위 강요와 같은 우려가 현실화되었다는 점에서도 대책을 마련해야 할 것이다.

그러나 이 모든 사실에 앞서서 가장 걱정스러운 것은 이들 단체의 모금액 사용 계획이다. 이들은 2016년까지 자치단체 출연금 1,500억원, 시민성금 500억원, 산업체 모금액 3,500억원, 개인유증 1,000억원 등, 7,000억원의 기금을 조성하여, 그 가운데 2,700억원을 아카데미 폴리스 사업에 투입하고, 이 중 1,200억원을 골프장과 골프대학 등의 설립에 사용할 것이라고 밝혔다.

아직 주인도 정해지지 않은 대학의 발전기금을 조성하는 것까지는 모르겠으나, 그 기금을 대학에 양도하지 않고 독자적인 사용계획까지 세워두었다니 참으로 어처구니 없는 일이 아닐 수 없다. 그러나 이것이 아직 전부는 아니다.

보도된 바에 의하면 1,000억원은 6,200호의 타운하우스와 단독주택, 공동주택을 건립하는 데 투입하고, 500억원은 지식기반형 첨단산업단지 30만평을 조성할 것이라고 밝혔다. 이쯤 되면 대학발전기금을 명목으로 거액을 조성해서 주택 등 부동산 투기사업까지 하겠다는 발상이어서 논평할 엄두조차 나지 않는다.

다시 말하지만 대학의 발전기금 조성 주체는 대학이 되어야 한다. 그러나 대학의 주체가 아직 존재하지 않은 시점에서 일부 민간인들이 사사로운 이해관계에 집착하여 이런 물의를 빚을 수 있었던 것은 울산시가 분명하고도 단호한 입장을 표명하지 않았던 책임이 있다. 차제에 이런 일이 재발하지 않도록 울산시는 엄정한 조처를 취해야 할 것이다.

(2006.12.08)

국립대 스캔들의 전모

지난 12월 8일 필자는 (가칭)재단법인 울산국립대학발전범시민지원단이 국립대 발전기금 7천억원을 모금하겠다는 보도를 접하고 "울산시에 바란다"란에 울산시의 공개적인 입장표명을 요구한 적이 있다.

이 단체는 마치 국립대설립추진단과 울산시로부터 전권을 위임받은 것처럼 행세하였거니와, 심지어 울산시가 국립대 양해각서에서 밝힌 1,500억원의 대학발전기금을 자신들에게 기탁하는 것처럼 발표함으로써, 시민들에게 사실상 법적 기구인 것처럼 비쳐지게 하였다.

이 문제가 분명하게 정리되지 않을 경우 이 단체는 앞으로 국립대 설립과 관련된 모든 이해관계에서 우선적 특권을 주장할 위험이 있으므로, 울산시민들은 이 단체의 법적 지위와 성격에 대하여 분명하게 알 필요가 있다.

따라서 필자는 울산시가 이 단체와 어떤 관계에 있는 지를 분명하게 밝혀줄 것을 공개적으로 천명했던 것이다. 12월 12일, 울산시청 관계자는 필자의 공개질의에 대한 답변을 제출하였으며, 답변의 요지는 크게 세 가지로 정리할 수 있다.

첫째로 울산시는 국립대학 설립을 위한 양해각서에 입각하여 시가 중심이 되어 1,500억원(매년 100억원씩 15년간)의 대학발전기금을 조성, 제공할 것이다.

그러나 둘째로 현행 법령상 지방자치단체의 자산을 정부나 대학에 무상 제공할 수 없으므로, 울산시는 국립대학 설립에 관한 법령 제정으로 이 문제가 해소될 경우 대학에 직접 제공할 계획이다.

셋째로 현재 민간단체에서 대학발전기금을 모금한다는 사실은 언론보도를 통하여 알았으며, 그 구체적 사업내용도 알지 못하였다. 울산시가 민간단체에 대학발전기금을 출연한다는 것은 사실무근이며, 법령의 근거 없이 정부, 개인이나 단체에 출연할 수 없다.

이상의 내용에서 보면 울산시나 국립대 추진단은 이 민간단체와 아무런 소통도 하지 않았다. 울산시가 양해각서에서 약속한 1,500억원의 기금 조성 및 제공 문제 역시 현재 법적 근거가 마련되지 않은 상황이며, 따라서 이를 민간단체에 기탁한다는 것은 터무니없는 일일 것이다.

이것이 사실이라면 이 단체가 어떤 목적에서 울산시와 울주군이 자신들에게 발전기금을 출연하는 것처럼 공표했는지를 분명하게 따져볼 필요가 있다. 만에 하나 이들이 공공기관의 공신력을 이용하여 기업체와 시민들의 지원을 강제할 생각이었다면 더 큰 법적 문제를 초래할 수도 있기 때문이다.

다른 한편 이 단체는 7천억원의 기금을 조성하여 대학에 양도하지 않고 골프장 조성 및 부동산 투자 등 수익사업에 투입한다는 비난을 의식했는지 언론보도를 통하여 수익사업은 별도의 3,300억원으로 추진할 것이라고 발표하였다. 그렇다면 이 단체가 전체적으로 조성하려는 모금액은 7천억원이 아니라 1조원을 넘어설 것이다.

이미 다른 언론에서도 지적한 바와 같이 골프장 및 부동산 투자 사업은 울산시와의 사전협의를 거치지 않고는 불가능하다. 그러나 이 단체는 울산시와 아무런 협의도 거치지 않았으며, 울산시 역시 특정대학의 수익사업을 편파적으로 지원할 수도 없는 형편일 것이다.

울산지역에 국립대를 설립하려는 시민들의 염원을 부정한 방식과 터무니없는 이권사업 등으로 폄훼하는 그 어떤 행위도 용납되어서는 안 될 것이다. 국립대 발전기금 모금사업은 국립대가 출범하여 스스로 꾸려나가야 할 것이며, 민간조직이 필요하다면 그 역시 국립대 총장이 도덕성과 진정성이 있는 인사들로 새롭게 구성해야 할 것이다.

울산시민들은 그 이전에 우선권을 주장하는 어떤 개인이나 단체들도 자리잡을 수 없도록 경계하고 단호하게 축출해야 할 필요가 있다. 이번에 추문을 일으켰던 이 단체 역시 발전기금 조성이나 수익사업 추진 등 모든 이권에 대한 사심을 버리고 순수한 운동 차원으로 돌아갈 것을 촉구하는 바이다.

(2006.12.12)

셋··울산사람들의 이야기

선필찬가(善畢讚歌)

연말이다. 사흘 전이 성탄절이었고 사흘 후면 다시 해가 바뀌는 날이다. 연말연시가 되면 사람들은 가까운 벗과 함께 하고 싶어 한다. 밤이 새도록 노닥거리고 먹고 마시고 시간을 보내면서 세상으로부터 받은 온갖 스트레스를 벗어 던지려고 한다. 그러나 우리에게 찾아오는 것은 반복되는 일상사와 권태일 뿐이다.

바이블 코드의 예언처럼 지금 이 세상은 괴질로 가득 차 있다. 미국 워싱톤 주에서 광우병이 발생하였고, 중국 광동성에서는 사스(SARS)가 발병하였다. 우리나라에서는 조류독감이 전국으로 번지고 있다. 우리가 살고 있는 울주 상북에서도 감염 사실이 공식적으로 확인되었다. 실제로 우리가 먹고 있는 음식물 모두가 병원체와 유해물질에 노출되어 있다는 것을 알면서도, 특히 이런 괴질 소식은 여간 불안한 것이 아니다.

아직 끝나지 않은 전쟁터로 사랑하는 사람을 보내야 하는 이라크 파병 가족들의 마음도 뒤숭숭할 것이지만, 자신들의 이해관계에 충실하려는 정치인들의 막판 싸움과 대통령의 사전선거운동으로 난감해 하는 선관위 직원들과 검찰의 곤

혹스러움도 모른 체 할 수가 없다. 이란에 있는 인구 9만의 한 도시를 강타한 지진이 2만 명 이상의 목숨을 앗아간 것도 연말을 즐겁게 보내려는 우리의 마음을 아프게 한다.

오랜만에 '에팡겔리움', 즉 '복된 소식'을 듣게 되어 참으로 기쁘다. 수원지원의 어느 한 판사가 죄질이 그리 나쁘지 않은 피고인들에게 부당하게 취한 이득을 사회에 환원하도록 권장함으로써, 어려움에 처한 많은 사람들이 도움을 받게 되었다는 것이다. 규제와 처벌 수단으로 알려져 왔던 공권력이 한 판사의 따뜻한 마음에 의하여 불우한 사람들에게 실질적인 도움을 주는 사랑과 배려의 손길로 승화된 것이다. 참으로 고마운 일이다.

연말이 되면 사람들은 여러 모임을 찾아 나선다. 동창회, 망년회, 각종 친목행사, 계모임 등등에 끌려 다닌다. 연말연시인 데다가 구정이 다가오고 선거철이 겹쳐서 홍청망청할 수 있는 여지가 많다. 이런 모임들을 모두 배척해 왔던 내가 함께 하고 싶어 하는 유일한 모임이 있다. 그것은 바로 내가 사는 동네의 공소 모임이다.

착할 '선'에 마칠 '필'이라는 마을 이름에 매료되기도 했지만, 우연히 이 마을에 들렀다가 어느 집 마당에 내리비친 가을 햇살이 너무도 한가로워 결국 눌러 앉아버리고 말았다. 나는 지금도 이 마을 이름을 너무나 좋아한다. 善畢, "선을 다 이루었다"는 뜻이다. 선필마을은 원래 조선 후기 천주교 박해를 피하여 온 사람들이 모여 살았던 곳이다. 마을 이름의 유래를 확실히 아는 사람은 없지만 가톨릭 신자들의 믿음이 반영되어 있는 것은 분명한 것 같다. 칸트의 최고선을 공부하였던 나는 선필이라는 이름이 그런 뜻을 담고 있다고 생각한다. (글이 나간 후에 한 마을 사람이 선필의 한자가 '착할 선' 善에 '도울 필' 弼이라고 하였다. 두 말의 취지는 비슷하지만 善弼보다는 善畢이 더 분명하고 좋은 것 같다)

이 곳에는 오래된 천주교 공소가 둘씩이나 있는데, 내가 사는 곳에는 하선필공소가 있다. 약 8개월 전에 나는 공소에서 아직도 마을 사람들이 미사를 드리고 있는 사실을 알고 그들과 함께 하였다. 그리고 아주 최근에 언양 성당에서 세례를 받고 '보나벤투라'라는 새로운 이름을 얻었다. 보나벤투라는 토마스 아퀴나스와 같은 시대의 주교학자인데, 그는 아우구스티누스의 학풍과 프란체스코의 영성 운동을 계승하였던 사람이다.

내가 이 이야기를 하는 이유는 분명하다. 나는 대도시의 교회에서 얻지 못하였던 마음의 평안을 선필 마을의 작은 공동체에서 얻을 수 있었다. 마지막 인생을 살아가는 마을 어른들과의 소박한 식사는 어느 고급 한정식 집에 마련된 향연보다 더 값진 것이었다. 나는 그들의 초대를 가장 소중한 것으로 생각한다. 이 글을 쓰기 위하여 연구실로 가는 나에게 동네 분들은 다 마치면 돌아와서 반드시 저녁을 같이 하자고 청하신다. 마을 어르신들의 훈훈한 정이 넘쳐흐른다. 몇 사람 안 되는 이 공동체에 나도 이제 정식으로 구성원이 되었다. 우리에게 가장 소중하고 필요한 것은 바로 이런 공동체의 정신이 아닐까? (2003.12.27)

우울한 울산

가장 기쁘고 들뜬 분위기여야 할 성탄절과 연말연시를 앞두고 울산시민들의 가슴은 무겁고 착잡하기만 하다. 노무현 정부가 약속했던 울산 국립대 설립이 지체되고 있으며, 특히 지난달 전국공무원 불법파업에 대규모로 참여하였던 우리 지역 공무원들에 대한 민노당 출신 단체장들의 징계 거부사태와 연계되었다는 소문이 확산되고 있기 때문이다. 이에 그치지 않고 정부는 내년도 예산 배정에서 울산시에 대한 불이익 조치를 검토하고 있으며, 현실화될 경우에 오토밸리와 테크노파크 조성 등 160억원에 달하는 사업계획에 차질이 생길 수밖에 없다.

다른 한편 밀양 출신 고교생들의 여중생 집단 성폭행 사건의 처리과정에서 경찰의 관행적인 실수로 인하여 울산시가 다시 전국에 회자됨으로써 도시 이미지에 치명적인 손상을 가져온 것 역시 우리를 우울하게 만들고 있다. 경찰의 증언에만 의존하여 증거 없이 관행적으로 구형하던 어느 판사의 결정에 항의하여 대법원에 이의제기를 한 결과, 오비이락인지는 몰라도 검사가 작성한 신문조서도 피고인이 법정에서 부인하면 증거능력이 없다는 대법원의 판례가 새로 나와서

위안이 되었다.

그러나 우리를 가장 우울하게 만드는 것은 공무원들의 파업사태에 대한 책임을 울산시민들에게 직접 묻겠다는 정부의 태도일 것이다. 우리 지역의 여론은 정부의 이러한 결정이 잘못되었다고 이구동성으로 성토하고 있지만, 정부가 이런 발상을 갖게 된 논리적 배경도 한번쯤은 생각해 보는 것이 사태 해결을 위하여 도움이 될 것이다.

우선 국립대 설립은 노무현 대통령 후보가 이 지역 주민들의 지지를 얻기 위하여 내세웠으며 대통령 당선 후에도 수없이 약속했던 공약이고, 지난달 15일의 공무원 파업사태는 울산시민들이 아닌 이 지역 공무원들이 참여한 사건이므로, 지역 공무원들의 불법행위에 대한 책임을 울산시민들에게 물으려는 것은 부당하다는 것이 우리들 대부분의 생각이다.

그러나 문제는 단순하지 않다. 지금 거론되는 것은 공무원들의 불법행위 자체보다는 그것을 두둔하고 징계까지 거부하려는 단체장의 태도이기 때문이다. 북구청장과 동구청장은 민주노동당의 당적을 보유하고 있으며, 분명히 지역 주민들이 선출한 대표이다. 민주노동당은 노동자들의 권익신장을 최우선 목표로 하고 있으며, 따라서 민노당 출신 단체장이 전공노 사태를 옹호하거나 파업 참여 공무원들에 대한 징계를 거부하려는 것은 지극히 당연하다.

그러나 우리는 여기에서 분명하게 정리할 것이 있다. 공직을 수행하는 자는 그 출신 여하를 막론하고 국법을 준수해야 하며, 법의 규정에 의해서만 공적 행위를 할 수 있다. 따라서 민노당 출신의 단체장이라고 해서 불법파업 공무원에 대한 징계를 거부해서는 안 되는 것이다. 그 역시 법 규정을 준수해야 할 의무가 있다. 이미 다른 지역에서는 파면과 해임 등 강력한 배제징계가 이루어지고 있는 상황에서 당의 강령과 입장만을 내세워 공적 행위를 기피하는 것은 잘못이다. 이미 징계가 확정된 다른 공무원들과의 형평성 시비에 말려들 것이 자명하기 때문이다.

울산시장은 두 구청장에게 파업참여 공무원에 대한 징계를 요구할 수 있으며, 이를 거부할 경우에 해당 단체장을 직무유기로 고발하거나 행정상의 불이익을 고려할 수도 있다. 이런 경우에 해당 단체장은 스스로 물러나 책임을 지던가, 아니면 상급기관으로부터의 모든 불이익을 감수해야 할 것이다. 이 경우에 그의 결정은 해당 주민들에게 불이익을 초래할 수도 있지만, 주민들 역시 자신들이 직접 선출한 대표이기 때문에 그 피해를 감수해야 한다.

행정자치부는 울산시장으로 하여금 징계를 거부하는 하급단체장을 고발토록 지시한 적이 있지만 울산시장은 완곡하게 이를 거부하였다. 필자 개인의 생각으로는 이러한 시장의 결정을 적극 지지한다. 그러나 울산시를 대표하는 단체장으로서의 시장은 일부 공무원들의 탈법행위에 대한 책임이 울산시민들에게 전가되지 않도록 막아야 할 의무가 있다. 울산시장이 법적 책임을 다하지 못하게 될 경우, 정부는 그의 결정을 울산시민들의 민의로 해석할 여지가 있기 때문이다. (2004.12.20)

산에서 내려다 본 은빛세계

울산지역에 폭설이 내렸다. 숫자놀음을 좋아하는 사람들은 46년만의 일이란다. 울산에서 생활한 것이 벌써 15년이 되었으나 폭설로 인하여 출근을 포기한 것은 이번이 처음이었다. 모든 일이 그렇지만 이번 폭설도 사람에 따라서 서로 다르게 느껴진다. 학교에 가지 않아도 되는 학생들은 마냥 즐겁기만 하다. 그러나 하루라도 벌지 않으면 안 되는 사람들에게는 빙판길이 원망스럽기만 할 것이다.

산을 좋아하는 사람들은 휘몰아치는 눈보라도 아랑곳하지 않고 산행에 나선다. 그리고 백설로 덮여 있는 은빛세계를 바라보며 세상사의 잡념으로부터 자유롭고자 할 것이다. 눈으로 하나 된 세상을 내려다보면서 모든 분란과 다툼이 허탄하고 부질없다는 생각이 들기도 한다. 그러나 우리는 폭설조차도 감출 수 없는 것이 있으며, 그처럼 순수하고 아름답기만 하던 은빛세계도 한 순간에 지나지 않는다는 사실을 알아야 한다.

이번 폭설로 인하여 울주군은 대곡댐을 가로지르는 두동-두서 지역의 산간도로가 치명적으로 위험하다는 사실을 확인하게 되었을 것이다. 지난해에 가볍게 내린 눈에도 불구하고 울산시의 교통이 완전 마비된 사태를 접한 박맹우 시장이 긴급 시정명령을 내려서 주요도로의 정지선 위치에 미끄럼 방지를 위한 특수포장을 실시한 것은 여간 다행스럽지 않다. 이번 제설작업에 울산시 공직자들의 수고가 많았다. 시민들로서는 오직 감사할 따름이다.

최근 노무현 정부에게도 폭설이 내린 적이 있다. 모든 것을 덮어버릴 정도의 매우 강력한 폭설이었다. 이기준 교육부총리 지명이 몰고 온 여파가 바로 그것이다. 이 문제를 수습하기 위하여 노대통령은 자신이 신임하던 두 참모를 면직시켜야 했다. 국민들은 청와대의 인사시스템이 정상적으로 작동되지 않는다는 사실에 분노하였고, 노대통령은 국민 앞에 사죄함으로써 이 난국을 수습하였다.

그러나 인사파동은 여기서 그칠 것 같지 않다. 허준영 경찰청장 내정자에 대한 국회 인사청문회가 졸속으로 마무리되면서 또다시 공분을 불러일으킬 기미를 보이고 있기 때문이다. 더욱 심각한 것은 청와대의 인사시스템뿐만 아니라 여야 국회의원으로 구성된 인사청문회조차도 학연과 지연, 그리고 심지어는 동일직 출신의원들의 당파적 이해관계에 의하여 철저하게 왜곡되었다는 것이다.

허준영 내정자의 경우에는 신체검사, 군복무 중 취학, 국민연금 미납 등 몇 가지 의혹이 제기되었다. 그러나 경찰총수로서의 직무상 가장 근본적이면서도 가장 결정적인 문제는 바로 자기 자신에 대한 정체성이라고 생각된다. 자신이 누구이고 무엇을 하고자 하는지에 대한 정확한 판단이 결여된 사람에게 어떻게 한 나라의 경찰총수직을 맡길 수 있겠는가? 의혹은 군 신체검사에서 고도근시와 색맹으로 인하여 보충역 판정을 받았으나 경찰간부직 임용 신체검사에서는 문제가 없었던 것으로 처리된 사실에 그치지 않는다.

더 큰 의혹은 내정자 본인이 나안시력 0.06과 색맹이라는 보충역 판정 사유에 대해서 지금까지 알지 못했다고 답변한 사실에 있다. 군 신체검사에서 보충역 판정이 나온다는 것은 신체상의 상당한 하자가 있음을 뜻하기 때문에 판정사유를 확인하는 것이 당연하다. 특히 공직 진출을 희망하는 사람은 임용의 결격사유가 될 수도 있기 때문에 더욱 그렇다. 또한 허준영 내정자는 76년에 보충역으로 입대한 후에도 학업을 계속하여 1년 후에 대학을 졸업하였다. 이 사실에 대해서도 본인은 그 행위가 위법한 것인지를 알지 못했다고 한다.

우리는 이 두 가지 사실에서 하나의 공통점을 발견하게 된다. 자기 인생에 가장 결정적인 이해관계가 얽혀있는 사실에 대하여 몰랐다고 해명한 것이다. 대한민국 남자이면 누구나 관심을 갖고서 알고 있는 문제를 왜 허준영 내정자만 몰랐다고 했을까? 국회청문회는 그의 진술에 담긴 의미를 심각하게 고려하지 않았다. 국가의 결정적인 중대사에서도 그가 알지 못했다고 대답하면 무조건 면책할 것인가? 지금 온 국민들은 치명적인 폭설을 경험한 노대통령이 이 문제를 어떻게 처리할지 주시하고 있다. (2005.01.18)

공포의 신고리원전

정부의 초대형 사업에 상식의 원칙이 무시되고 있어서 심각한 후유증이 예상된다. 어떤 공사든지 국민의 안전이 우선적으로 고려되어야 하고, 환경 훼손을 최소화하면서 주민들의 동의 하에 시행되어야 하는 것이 상식이다. 현재 울산 서생지역에서는 신고리원전 1, 2, 3, 4호기의 건설공사가 상식이 무시된 채로 추진되고 있다.

신고리원전 1, 2호기의 실시설계 승인에 따른 착공 소식과 함께 일부 국회의원들과 단체장들의 태도가 이중적이라는 사실이 드러나서 충격적이다. 외부적으로는 원전 반대 입장을 표명하는 정치인들이 실제로는 더 이상 막을 방법이 없다고 체념하고 있기 때문이다. 가장 적극적으로 원전건설을 반대해왔던 민주노동당 조승수 의원이나 한나라당 김기현 의원조차도 그 한계를 토로하고 있다.

특히 산업자원위 소속 김기현 의원이 "전원개발촉진법중 개정법률안"에서 원전건설의 경우에도 주민투표 실시를 의무화하는 방안을 강구하고 있으나, 이 개정안이 국회를 통과하더라도 그 적용은 신고리원전 3, 4호기에서나 생각할 수 있다. 1, 2호기의 건립은 막을 수 없는 것이다.

그러나 여기에서 포기해서는 안 된다. 우리는 지역 출신 정치인들로 하여금 원전건립의 저지에 총력을 기울여줄 것을 당부해야 한다. 3월 초에 정몽준 의원이 신고리원전 건설에 대한 반대의사 발언을 한 이후, 그 동안 지지부진했던 지역 정치인들의 공동 철회요구가 극적으로 이루어진 것은 다행한 일이 아닐 수 없다. 지금부터는 정치인들에게만 맡겨두지 말고 우리 스스로 원전건립의 중단을 요구해야 한다.

이는 단순히 반대를 위한 반대나 지역 이기주의를 위한 것이 아니다. 정부가 정치적 문제해결을 도모함에 있어서 상식의 원칙을 무시하고 있으며, 이를 방치할 경우에 최악의 불행이 닥칠 수 있기 때문이다. 이를 학술적인 용어로는 '공포의 발견술'이라고 한다. 미래에 닥칠 위험이 대단히 크고 분명할 경우에 우리가 그 앞에서 공포를 느끼면서 그것을 회피할 수 있는 방안을 강구하는 것은 너무나 당연한 일이다.

우리가 신고리원전의 건립계획을 원점부터 재검토하라는 요구하는 데는 여러 가지 이유가 있다.

우선 원전건립을 추진하게 된 행정행위가 지난 번 부안사태를 촉발하였던 경우와 너무 흡사하다는 점이다. 주민들의 의사와 무관하게 당시 울주군수가 독단적으로 원전설립을 신청하였고 나중에 다시 철회했지만, 정부가 이를 무시하고 일방적으로 추진해왔다. 부안사태를 수습하면서 노무현 대통령이 대형 국가사업의 경우에 주민의사를 존중하겠다고 천명했던 원칙은 결코 적용될 기미가 보이지 않는다.

또한 우리 정부가 전력수급을 지나치게 원전에만 의존한

다는 사실은 신고리원전 1호기 준공 시점인 2010년의 설비예비율이 국제에너지위원회(IEA)의 권고 수준(15%)의 두 배에 달한다는 점에서 분명하게 드러난다. 무조건 원전건설만을 서두를 하등의 이유가 없다는 이야기다.

그러나 이 두 가지 사실보다 더 근본적이고 중요한 이유는 따로 있다. 서생지역의 자연적, 지리적 여건이 원전건립에 적합한가의 여부인 것이다: 신고리원전의 용역이 실시된 1970년대에도 이 지역에 양산단층과 울산단층, 그리고 동해안 단층이 있다는 사실은 확인되었으나, 그 규모가 작다는 이유로 지금까지 간과되어 왔다. 서생지역을 통과하는 양산단층은 지금 살아서 활동 중이다.

지난 해 12월 26일, 대지진과 쓰나미로 인하여 수만명의 사상자가 발생했던 남아시아의 대재앙은 서생지역의 원전건설을 다시 생각해 보게 한다. 최근에 UBC는 1643년(인조 21년)에 한반도 역사상 최대 규모의 지진과 쓰나미가 바로 울산 지역에서 발생했다는 사실을 보도하여 충격을 던져주었다. 울산방송이 새롭게 밝힌 이 사실은 지금까지 제시된 어떤 반대주장보다도 가장 우선적으로 검토되어야 한다. 동해-1가스전과 고래-8광구의 대규모 가스층이 울산지진과 관련이 있는지도 조사되어야 한다.

천성산터널이나 새만금사업으로부터 예상되는 위험은 아무것도 아니다. 월성, 서생, 기장을 잇는 핵벨트는 전쟁시 우선적인 공격목표가 될 수 있으며, 지진이 발생할 경우에 대재앙을 불러올 수 있다. 울산시 당국은 신고리원전의 전면재검토를 요구해야 할 것이다. (2005.03.20)

어느 시인의 울산사랑

우리 지역의 대표적인 언론인이자 울산 MBC의 보도국장을 역임하였던 김종경 시인이 지난 30년 동안 발표하였던 주옥같은 글들을 산문집으로 간행하였다. 이 책 한 권으로 우리 지역의 대표적인 문인들을 만날 수 있고 또한 이 지역의 멋과 낭만을 모두 접할 수 있게 되어 얼마나 다행인지 모른다.

지난 16년간 울산을 새로운 고향으로 여겨왔던 나로서는 울산의 고유성이 훼손되면서도 새로운 가치를 창출하지 못하는 정신문화적 피폐성에 대하여 안타까운 생각을 벗어던지지 못하였다. 그러다가 시인이 보내준 이 한 권의 책을 대하면서 그것이 한갓 기우에 지나지 않았음을 확인할 수 있었다. 김종경 시인이 새로 펴낸 산문집은 그야말로 울산의 사람과 문화를 자랑스럽고 의연하게 소개하고 있는 울산학 보고서라고 할 수 있다.

무엇보다도 시인은 우리가 지금까지 까마득하게 잊고 지냈던 이 지역 출신들의 문인들과 문화인들을 다시 기억할 수 있게 한다. 이 책을 펼치면서 나의 뇌리에서 사라져간 홍수진 시인의 생전의 모습을 다시 떠올릴 수 있게 되었다. 외솔

최현배 선생이 우리 지역 출신의 한글학자라는 사실을 모르는 사람은 없을 테지만, 선생께서 울산팔경에 대하여 노래한 사실을 아는 이는 드물 것이다.

또한 시인은 이 책에서 상북 양등리 출신의 민속학자 송석하 선생, 중구 복산동 출신의 동요작가 서덕출 선생, 울주 언양 출신의 소설가 오영수 선생, 범서 척과리 출신의 소설가 박상지 선생, 상북 지내리 출신의 시인 박종우 선생, 두동 봉계리 출신의 시인 이기원 선생의 삶과 작품에 대하여 상세하게 안내하고 있다. 어느 지역이든지 그 곳 출신의 사상가나 작가를 기념하려는 것이 인지상정이다. 시인은 이 일에도 앞장서고 있다.

시인은 예로부터 물산이 풍부하고 풍광이 다채로운 우리 지역이 공업화와 산업화로 인하여 그 느긋함과 푸근함 대신에 이기심만 가득하고 살벌함이 가득한 도시로 변모한 사실을 지적하면서 안타깝게 여기고 있다. 상북지역의 자연림이 손상되는 것을 가슴아파했던 시인은 이제 울산시민의 젖줄인 백운산 자락마저 파헤쳐지는 것을 보고 얼마나 통탄할 것인가!

그러나 시인은 한숨과 탄식에만 머물러 있지는 않았다. 그 스스로 울산의 얼굴과 모습을 바꿔보기 위하여 적극적인 문화운동에 동참하였던 것이다. 그의 글 중에서 상당수는 바로 문화를 주제로 하고 있다. 처용문화제부터 시작하여 문화예술진흥위원회, 울산시의 문화예술 지원 상황, 울산문화예술회관 등에 관한 그의 글들은 하나같이 울산시의 열악한 문화투자에 대한 경각심을 불러일으키고 있다.

시인의 글에는 울산의 정취가 곳곳에서 풍겨나고 있다. 100년 동안의 포경사에 종지부를 찍었던 1985년의 포경금지 선언으로 인하여 장생포에서 고래잡이로 연명하였던 그 마지막 포수들이 삶의 터전을 송두리채로 잃게 되었을 때, 시인은 고래잡이 르포를 통하여 바로 그 마지막 포수들의 삶과 애환을 우리에게 들려주었다.

울산이 자랑할만한 세 어머니의 모습에서도 시인의 언어는 그 절묘한 광휘를 발하고 있다. 어머니! 그 이름만 불러보아도 가슴이 뭉클해지는 신비한 존재가 바로 우리들의 어머니이다. 따라서 모든 어머니의 존재는 우리 모두에게 소중하다. 그러나 그 중에서도 시인은 현대중공업에서 쇠붙이를 갈고 닦으면서 시어머니를 모시고 두 아들을 의젓하게 길러낸 황석희 어머니, 소년소녀가장들과 무의탁 노인세대를 헌신적으로 도와왔던 울산 YMCA 다사랑회 박경숙 어머니, 그리고 전처 소생의 자식들을 흠없이 기르기 위하여 자신의 아이를 낳지 않고, 자원재활용 운동을 통하여 이웃들을 도왔던 문춘자 어머니를 울산의 자랑스러운 어머니 상으로 발굴하였다.

시인의 시선은 거기서 멈추지 않는다. 울산시립합창단 상임지휘자 나영수 선생께서 울산 시인들이 울산을 소재로 노래한 시들에 곡을 붙여서 공연한 사실을 그는 결코 간과하지 않았다. 그밖에도 시인은 울산 인근 지역들의 문화재에 대한 문학수첩, 서평들을 통하여 다채로운 글맛을 제공하고 있다. 그래서 우리는 시인의 글 자체가 울산의 문화라는 사실을 깨닫게 된다. (2005.05.16)

현대차 정회장의 구속 배경

노대통령과 현대가의 악운을 끊어야 한다.

대검 중수부는 특정경제범죄처벌법상 횡령과 배임 혐의로 정몽구 회장을 전광석화와 같이 구속하였다.

1,200억원에 달하는 비자금을 조성했고, 현대우주항공의 채무에 대한 정회장의 연대보증 책임을 면하기 위한 부당한 유상증자 방식으로 계열사에 4천억원의 손해를 끼쳤다는 혐의였다.

비자금의 주된 사용처는 2002년 대선을 전후하여 뿌려진 정치자금인 것으로 알려졌다. 2002년도에만 글로비스 금고에서 246억원이 출금되었으나, 대선자금 수사에서는 한나라당 100억원, 노무현 캠프에 6억 6천만원을 준 것으로 밝혀졌다. 문제는 정치권에서 이 수사내용을 믿지 않고 있다는 사실이다.

그 동안 정치권과 경제인들은 삼성그룹과 두산그룹의 비자금 사건에 대한 검찰의 처리 방식을 근거로 정회장에 대한 사회 각계의 선처 호소가 받아들여질 것으로 낙관하고 있었다.

세계 5대 자동차 회사로 도약하기 위해서 급격한 해외투자를 감행한 현대차가 자금 압박을 받고 있는 것은 접어두더라도 계속되는 달러의 환율하락과 유가상승의 압박으로 위기감이 돌고 있던 때라서 그 누구도 검찰의 구속수사를 예측하지 못했을 것이다.

검찰내부에서는 법의 형평성을 실현한 쾌거라는 것이 지배적인 분위기인 것 같다. 그러나 법적 형평성이란 비교의 대상을 정당하게 상정할 경우에만 의미 있다는 사실을 간과한 것 같다.

그 동안 정회장에 대한 구명운동에 앞장섰던 울산시, 울산상의, 현대차 임직원, 협력업체, 그리고 시민·사회단체들의 노력이 한 순간에 무력하게 된 것은 바로 노대통령의 사학법 양보 발언 때문이었다. 참으로 절묘했다.

정회장의 구속과 때를 맞추어 여당에게 사학법을 양보하여 한나라당과 협의해 줄 것을 권고한 노대통령의 발언이 매스컴을 타자 현대차 사태는 순식간에 증발되고 말았다. 노대통령의 천재적인 여론몰이 기법이 다시 적중한 것이다.

느닷없는 사학법 양보발언으로 한나라당의 예봉이 꺾일 수밖에 없었다. 현대차 정국이 사학법 정국으로 전환되면서 정회장의 구속에 따른 검찰의 부담감이 일시에 해소된 것도 큰 소득이었다. 물론 여당은 노대통령의 발언을 무시했고 노대통령은 이를 받아들였다.

노대통령으로서는 전혀 손해 본 것 없이 한나라당에게 인심을 써주었고, 열린우리당은 노대통령의 심정을 이해한다고 하면서도 그 발언을 무시함으로써 지지층의 결속을 다지는 이중적인 효과를 얻었다. 노대통령이 검찰과 여당을 동시에 살려주면서 무한대의 이익을 창출한 한 수였으며, 참으로 남는 장사였다.

그러나 국민들이 그렇게 바보는 아니다.

노대통령과 현대가문의 두 번째 악연이 그저 우연이라고 생각하는 국민들은 없을 것이다.

DJ의 대북자금을 수사하는 과정에서 자살한 것으로 알려진 고 정몽헌 회장 사건에 대한 여진이 채 가시지도 않은 상태에서 정몽구 회장을 구속한 것은 국민들로 하여금 삼성이나 두산과의 형평성 문제를 훨씬 넘어서는 보다 근본적인 이유를 생각하게 할 것이다.

이제 국민들은 현대가문에 대한 노대통령의 마지막 칼날을 기다릴 것이다. 원한에 사무친 보복정치가 불러올 파장이 무엇인지는 너무나 분명하다.

도요타가 10년 이상 공을 들여야 할 일을 노대통령의 검찰이 무상으로 대신해 주었다는 외신 때문만이 아니다. 울산의 경제뿐만 아니라 대한민국의 경제가 무너질 수도 있다. 국제무대에서 현대차의 퇴조는 명약관화한 일이다.

독도를 지키는 것 못지않게 현대차를 지키는 것 역시 매우 중요하다. 맹목적으로 이익을 추구하는 기업집단에게 검찰이 해야 할 일은 총수의 구속보다는 범죄에 합당한 기금을 사회에 환원하게 하는 것이다. (2006.05.01)

검찰의 말 못할 속사정

정몽구 회장 전격 구속 기획수사의 원천적 근거는 모처라는 소문이 퍼져가고 있다.

정몽구 회장의 전격 구속을 승인했던 정상명 검찰총장이 경제사건 수사확대와 기획수사 자제를 검찰 내부에 당부한 것으로 알려져 그 배경에 궁금증이 일고 있다.

정회장 구속의 형평성 논란이 제기된 이후에 즉각적으로 나온 반응이어서 검찰 내부에서 이번 사태를 어떤 방식으로 끌고 갈 것인지 관심을 모으고 있다.

정회장 구속의 형평성 문제를 의식했던지 검찰 일각에서는 삼성 이건희 회장의 불구속 기소 가능성을 흘렸다. 이 경우 현대차 사태는 삼성 에버랜드 사태로까지 확대되어 한국경제의 미래를 더욱 더 불확실하게 만들 위험이 크다.

어쨌든 현대차의 정회장을 구속한 검찰로서는 삼성 이회장을 그냥 두고 넘어갈 수는 없게 되었다.

바로 이런 시점에서 검찰총장이 직접 경제사건의 수사확대 자제를 지시했다는 동아일보의 보도는 우리에게 묘한 여운을 남긴다.

삼성 이회장은 건드리지 말라는 뜻일까? 아니면 최근 다단계 판매 피해와 주가 조작 의혹 등으로 검찰 수사를 받고 있는 제이유(JU)그룹에 대한 수사 가이드라인을 천명한 것일까?

국가정보원의 보고서에 의하면 이 회사는 2,000억원 규모의 비자금을 조성해 이 중 100억원을 정관계와 검찰 등에 로비자금으로 흘렸다고 한다. 한나라당 소속의원이 문제제기한 것을 보면 정부 여당 관계자들이 개입되어 있을 가능성이 매우 크다.

현재 수사를 지휘하고 있는 검찰은 아직 비자금 조성 부분에 대해서는 어떤 단서도 잡지 못했다고 한다.

국정원 보고서가 어떤 경로와 배경에서 폭로된 것인지 우리로서는 알 수 없지만 국정원이 검찰에 첩보를 제공했음에도 불구하고, 검찰에서 제대로 수사하지 않았기 때문이라는 뉘앙스가 강하게 느껴진다. 검찰 수사의 형평성 문제를 제기한 것이다.

더구나 현대차 수사에서 검찰은 현대차의 비밀금고 위치를 정확하게 알고 있었으며, 심지어 금고의 비밀번호까지도 미리 파악했을 것이라고 추정할 정도로 사전에 철저하게 준비하고 기획했다. 그러나 제이유 그룹 수사에서는 검찰은 아무런 단서도 포착하지 못할 정도로 무능을 드러내고 있다.

이는 수사능력 그 자체의 문제라기보다는 외부의 요청과 압력에 좌우되는 이른바 청부기획수사가 되돌아온 것은 아닌가라는 의구심을 낳게 한다.

검찰총장이 직접 기획수사의 자제를 거론하는 것으로 보아 검찰 내부에 모처의 의지를 직접 실현하려는 세력이 있다는 것을 짐작할 수 있다. 이런 추측이 단순한 비약이기를 바란다.

그러나 그 동안 검찰총장의 잦은 교체를 틈타서 충분히 가능할 수 있다. 노대통령의 통치스타일이 초기에 천명한 것과는 달리 과거 권위주의 시대의 형태로 되돌아가고 있다는 점에서도 그렇다.

지난 대선 과정에서 비자금을 조성한 기업이 현대차에 그치는 것은 아닐 것이다. 상식적으로 거의 모든 기업들이 새로운 권력 창출을 기치로 비자금을 모아 바쳤을 것이다.

그러나 그 모든 기업들 가운데서 오직 현대차의 정회장만 타깃이 된다면 국민들이 납득할 수 있겠는가?

정말로 이해되지 않는 부분이 있다. 그렇게 공명정대한 검찰이라면 삼성과 현대차의 지배구조 승계과정에서 실질적인 지휘감독 책임을 가진 정부기관들이 그 동안 직무유기해온 사실에 대해서는 왜 모른 체 하는 것인가?

우리는 검찰내부에 어떤 말 못할 속사정이 있는지 알지 못한다. 그러나 삼성과 현대차와 같은 비자금 조성 및 재벌구조 승계에 따른 비리 혐의에 대해서는 형평성 있게 다루어 줄 것을 당부하고자 한다. (2006.05.04)

법원은 정회장의 보석 신청을 즉각 수용해야

울산상공회의소와 울산지역 각계 단체대표들이 4월 28일부터 주도해왔던 현대차 살리기 운동에 울산 시민 12만명이 동참한 것으로 나타났으며, 이 운동은 현재 전국은 물론 해외로까지 확산되고 있다.

이 운동을 시작한 울산상의 등 시민단체 대표들은 5월 23일 시청 프레스센터에서 기자회견을 갖고 24일 현대차 경영안정 탄원서와 시민 서명지를 서울중앙지법에 제출하겠다고 밝혔다.

울산시민들의 적극적인 동참에도 불구하고 정회장 구속을 지지하고 나선 현대차노조와 노옥희 민노당 울산시장 후보에 대한 비판 여론도 갈수록 높아지고 있다. 회사 없는 노조가 있을 수 없다는 점에서 울산시민들의 비판 여론은 회사의 어려운 사정을 외면하고 자신들의 임금협상에만 몰두하고 있는 현대차노조에게는 큰 부담이 아닐 수 없다.

현대차 살리기 운동이 이처럼 급속도로 확산된 것은 정몽구 회장의 구속과 함께 현대차의 경영위기가 세계 곳곳에서 현실로 나타나고 있기 때문이다. 가장 안정적이었던 미국시장마저 도요타와 혼다 등 일본 자동차 회사들의 맹렬한 추격으로 흔들리고 있으며, 유럽과 중국시장에서 현대차의 경쟁력은 크게 위축되었다.

정회장의 공석으로 인해 현대차 그룹이 야심적으로 추진해왔던 프리미엄 SUV EN 및 아벤테 후속모델 HD의 출시, 하이브리드카 양산 계획 등이 모두 중단되었으며, 미국 조지아주 공장과 체코 노소비체 공장의 착공식도 무기한 연기되었다.

현대차가 지금 추진하고 있는 중국, 유럽, 미국, 인도 등의 현지 공장 운영 및 신규 건립계획에 차질을 빚을 경우 일본과 중국 업체에 시장을 잠식당할 것은 너무나 자명하다.

도요타는 미국 시장에서 우위를 보였던 베르나(액센트)와 싼타페를 제압하기 위하여 야리스(에코)와 Rav4의 가격을 대폭 인하했다. 지난 4월 현재 도요타의 야리스는 베르나보다 700달러 정도 낮게 판매되었다. 또한 도요타는 인도와 동남아, 중동, 중남미 시장을 공략하기 위하여 600만원대의 소형 차종의 개발에 착수했다. 현대차의 출혈경쟁이 필연적일 수밖에 없는 대목이다.

상하이기차와 지리자동차를 필두로 한 중국차업계의 움직임 역시 심상치 않다. 이들은 중국정부의 지원을 받아 내수시장 점유율을 30%이상 수준으로 확대할 계획이며, 쌍용차 인수 등 해외브랜드 확보를 통한 해외 수출시장 확보에 총력을 기울이고 있어서, 현대차 시장을 급속하게 잠식해 들어갈 것으로 보인다.

현대차가 이와 같은 위기상황을 극복하지 못할 경우 세계시장에서 자연 도태될 것은 분명하다. 한 때 증거인멸 및 도주 위험이 있다고 판단해서 구속 수감을 결정했던 검찰이 현대차 경영진의 면회를 부분적으로 수용하여 사실상 옥중경영을 인정한 것 역시 이 같은 위기상황을 인지했기 때문이다.

그러나 이 같은 검찰의 판단은 자체모순을 범하고 있다. 정회장의 옥중경영을 허용한 것은 사실상 검찰 스스로 더 이상 증거인멸의 위험이 없다는 것을 입증하는 것이나 마찬가지이고, 검찰이 정회장에 대한 출국금지 조치를 취할 경우 해외로의 도피 위험도 사라지기 때문이다. 그렇다면 검찰 스스로 구속 수사해야 한다고 주장한 두 가지 이유 모두 원인무효가 된 셈이다.

이번 주말에 정회장의 변호인단은 법원에 보석신청을 할 예정이라고 한다. 법원은 정회장의 보석 신청을 적극 수용함으로써 현대차그룹이 작금의 경영위기에서 신속하게 빠져나올 수 있게 해야 할 것이다. (2006.05.24)

울주군 태풍 피해 복구 빨라졌다

태풍 에위니아(Ewiniar)가 지나간 상처는 예상보다 컸지만, 울산시 관공서 및 자원봉사대의 지원은 그 어느 때보다 빨랐던 것으로 나타났다. 물론 피해 복구가 완전하게 이루어지지 않은 지역도 많지만 예년처럼 늦장을 부리는 일은 거의 사라졌다.

특히 울주군 두서면의 대처는 너무나 달라졌다. 지난해까지만 해도 한 달 이상 방치해 두었던 선필 마을 진입로의 경우, 불과 사흘 만에 두 대의 굴삭기를 투입해 말끔하게 정리해 놓았다. 누구의 생각인지 모르지만 여간 고마운 일이 아닐 수 없다.

울산-두동을 연결하는 허고개 지역도 산사태 등으로 한때 통행이 금지됐다. 그러나 지금은 아주 깨끗하게 정리되어 있고 아스팔트 포장만 남겨두고 있다. 울산-언양간 고속국도에 간간히 패였던 함몰 부분도 그 어느 때보다 빨리 복구되어 있었다.

울주군 지역에서 가장 피해가 큰 상북농공단지와 언양 일대를 지원하기 위하여 울주군청 직원 150여명, 울주경찰서 의경 2대 중대와 군인 등 400여명으로 구성된 피해복구반이 긴급 투입되었다.

특히 능동천의 범람으로 상북면 농공단지와 인근 주택이 물에 잠기면서 아수라장으로 변했지만 상북면장을 중심으로 사회단체 및 지역인사들이 자원봉사팀을 구성해 신속하게 복구지원에 나섬으로써 주민들에게 큰 호응을 얻고 있다.

울주군의 피해복구반은 상북면과 언양읍 일대의 도로, 제방 등을 복구했지만 침수된 농경지와 주택, 공장 등에 대한 후속지원이 긴급하게 이루어져야 하는 것으로 나타났다. 울주군 홈페이지에는 신속한 복구 지원을 요청하는 글들이 계속 올라오고 있다.

엄창섭 울주군수는 상북 등 태풍 피해지역이 완전 복구될 때까지 적극적으로 지원할 방침을 천명했고 인근부대의 군 관계자 역시 태풍피해가 완전 복구될 때까지 신속하고도 적극적인 지원을 약속하였다.

한편 대곡댐과 사연댐 등에는 장마와 태풍이 동반한 집중호우로 인하여 온갖 쓰레기들이 유입되어 수면을 뒤 덮었다. 수자원공사는 쓰레기가 썩기 전에 수거하기 위해 대형 굴삭기를 투입했지만 경사면이 가파른 산지가 대부분이어서 추가 투입은 어려운 상황이다. 하절기의 태풍과 홍수 등에 대비한 쓰레기 유입 방지 시스템을 고려하지 못한 나태함이 빚어낸 필연적 귀결일 것이다.

태풍, 가뭄, 지진 등 천재지변이 닥칠 때마다 자원봉사에 나선 단체들 중에 공무원과 군경, 그리고 보훈단체가 주류를 이루는 사실에 대하여 전 시민적 차원에서 반성할 필요가 있다.

특히 지난 14일, 대한민국상이군경회 울산시지부, 전몰군

경유족회 울산시지부, 무공수훈자회 울산시지부에서 약 5백명의 회원들이 태화강 둔치 일원에서 대대적인 환경정화 활동을 펼친 것은 참으로 고마운 일이다. 6·25참전유공자회 울산시지부 회원 120여명과 (사)베트남참전유공전우회 울산시회 회원 100여명이 각각 신삼호교, 번영교, 학성교 일원에서 쓰레기를 치운 것 역시 치하 받아야 마땅한 일이다.

그러나 울산시의 각종 사회봉사단체를 비롯한 많은 시민들이 태풍 피해를 복구하기 위하여 자발적인 봉사에 나서는 이 마당에 태풍 피해자들의 애타는 심정은 아랑곳하지 않고 자신들의 이익에만 급급하여 전면파업과 소비금지운동에 매진하는 현대차 노조원들의 모습을 바라보자니 한숨만 나올 뿐이다.

기왕에 파업을 하려면 그 시간에 상북면 등 피해지역에 가서 복구 작업을 거들어 주는 것이 더 인간적이고 의미 있는 일이 아닐까 싶다. (2006.07.16)

진정한 울산사람은 누구인가

어느 모임에서 농담 반 진담 반으로 나온 이야기다.

울산에 온 지 30년이 지났는 데도 토박이의 모임에 가면 자신을 여전히 외지 사람으로 따돌리고, 울산에서 초등학교를 마친 후 줄곧 서울에서 지냈던 사람이 모처럼 고향에 내려오면 여지없이 울산사람으로 대접한다는 것이다.

울산에서 태어났다는 이유만으로 10년밖에 살지 않은 사람을 30년 넘게 살아온 사람보다 더 정감있게 대하는 것이 이 지역의 정서이다. 그리고 이 벽을 어느 누구도 넘지 못했다. 현재 국민고충처리위원회에 재직하고 있는 송철호 위원장이 가장 대표적인 케이스일 것이다.

그런데 이 벽을 깨뜨린 사람이 있다. 이윤구 박사가 바로 그렇다. 한신대학교 사회복지학과 교수였던 이박사는 지금까지 전 세계인을 대상으로 이웃사랑 운동을 실천해 왔으며, 수십 개에 달하는 각종 봉사단체에서 헌신적으로 일해 왔던 인물이다. 최근에는 인제대학교 총장을 지냈으며 제23대 대한적십자사 총재직을 성공적으로 수행하기도 했다.

지금도 북한과 아프리카 등지에서 굶주리는 아동들을 돕기 위한 국제적인 활동에 헌신하고 있다. 오늘의 한국 기독교계가 그를 가장 존경할만한 인물들 중의 한 분으로 지목하는 것은 너무나 당연하고 자연스러운 일이다.

아마 2년쯤 되었을 것이다. 모든 공직 활동을 마친 이윤구 박사는 부인과 함께 울산에 내려 왔다. 남은 삶을 울산지역에서 봉사하겠다고 하나님께 작정한 것이다. 그분들에게 울산은 아무런 연고도 없는 지역이어서 말년을 보내시기가 무척 외롭고 적적하실 수도 있다. 그럼에도 불구하고 울산에서 살다가 죽기를 작정한 것이다.

울산은 1970년대 이후 급격한 경제성장을 이룬 도시이고, 앞으로도 상당한 기간 동안은 우리나라의 중추적인 산업도시로서 기능할 것이 분명하다. 그러나 울산 지역에는 경제성장에 걸맞는 문화와 사상과 품격이 결여되어 있다.

울산사람들은 아직도 고대사회의 끼리문화에서 벗어나지 못하고 있으며, 따라서 대부분의 중요한 의사결정이 계조직과 같은 개인적 연고에 의하여 이루어지고 있는 현실이다.

이 지역에도 분명히 많은 사람들이 활동하고 있을 것이다. 그러나 주인의식을 가진 사람들은 그렇게 많지 않다. 물론 이 지역의 토박이들은 자신들이 주인이라고 행세할 것이다. 그러나 불행하게도 그런 분들 중에서 진정으로 울산 지역의 발전을 위하여 헌신하는 사람을 찾기는 매우 어렵다. 존경할 만한 어른이 없다는 것이다.

토박이들의 끼리문화는 이 곳에서 30년 이상을 살아왔던 사람들까지도 외지인으로 규정하고 있기 때문에, 이들 역시 울산시민으로서의 자긍심을 가질 수 있는 처지가 아니다.

울산에는 돈이 많은 사람, 권력을 가진 사람, 학문과 명예를 가진 사람들은 많을 수 있다. 그러나 진정으로 울산시를 맑고 밝게 만들기 위하여 헌신적으로 살아가는 사람을 찾아보기란 쉽지 않다. 아무리 계몽적인 글을 쓰더라도 변화하지 않는 것이 울산사람들의 마음인 것이다. 이윤구 박사 가족의 울산 생활은 바로 이런 점에서 실험적이고 혁명적이지 않을 수 없다.

이윤구 박사는 울산지역이 보다 인간적이고 도덕적으로 변할 수 있도록 노력해 왔으며, 맑고 밝은 도시로 거듭날 수 있도록 동분서주하고 있다. 그는 세계적으로 몇 번째 안 가는 울산시가 그에 걸맞는 문화복지도시로 거듭날 수 있도록 공개적인 신앙운동을 전개하고 있다.

최근에 경상일보사가 펴낸 『평화를 배팅하라』는 이윤구 칼럼집은 바로 우리 지역(local) 울산에 대한 사랑을 세계의(global) 평화와 연결하는 이른바 글로칼(glocal)한 사유의 산물이다. 비록 그가 울산에서 지낸 생활이 매우 짧다 하더라도 진정한 울산사람이라는 것을 의심하는 사람은 없을 것이다. (2006.12.22)

정해(丁亥)년에 바란다

2007년은 정해년이다. 술사들은 내년이 600년 만에 오는 황금돼지의 해라서 아이 낳기에 가장 좋다고 말한다. 민간에서 돼지는 사람과 매우 친숙한 동물이다. 돼지꿈을 꾸면 재물이 덩굴채로 들어온다고 해서 매우 상서로운 것으로 받아들이며, 돼지띠들은 성격적으로도 매우 무난해서 가는 곳마다 환영을 받기도 한다.

새해를 맞아 시민들이 바라는 크고 작은 소망들이 있을 것이다. 꿈을 가져야 한다. 꿈을 가진 사람만이 그것을 이룰 수 있기 때문이다. 위대한 꿈을 가진 시민들이 많을수록 울산은 그만큼 더 풍요롭고 살기 좋은 도시가 될 수 있다.

2007년은 대선으로 인하여 정치적 대결을 피할 수 없으며, 자칫하면 국론분열로 연결되어 국가 위기를 초래할 수도 있는 매우 중대한 시기이다. 대통령을 선출하는 것은 국가의 안녕과 질서는 물론이고 경제성장과 국제 외교 등을 도모하기 위한 것이다. 그러나 이를 망각하고 분열과 불신을 조장하는 모리배들이 있을 수 있다. 우리 국민들은 그들을 경계함으로써 국가 위기 사태에 빠지지 않도록 해야 할 것이다.

우리 모두가 바라는 것은 정해년에는 사술과 책략이 아닌

공명정대한 대결을 통하여 새로운 권력 주체를 창출하는 것이다. 지금 우리가 겪고 있는 정치적 혼란은 '노란 돼지 저금통'과 민주당 분당사태 등 일련의 사술들과 국민 기만행위들에 대한 응보라고 할 수 있다. 노무현 정부가 수많은 개혁 정책을 시행했음에도 불구하고 국민들의 지지를 얻지 못한 것은 신뢰의 기반이 근본적으로 무너졌기 때문이다.

새해에 울산시민들이 으뜸으로 소망하는 것은 현대자동차를 비롯한 여러 기업들의 노사화합일 것이다. 현대중공업의 선진적인 노사관계는 세계적인 모델로서 연구 대상이 될 만하다. 일부 노조지휘부의 강경투쟁 노선은 구태의연한 것이며, 노동자와 그 가족들로부터도 환영받지 못하고 있다. 새해에는 노사 모두가 황금돼지처럼 넉넉한 마음을 가지고 서로를 이해하는 데 노력해야 할 것이다.

정해년에는 울산시민의 정체성이 확립될 수 있기를 바라마지 않는다. 지금까지 정체성 논란의 대상이 되었던 울산시의 대표축제를 "반구대문화축제"로 개칭하여 선사시대로부터 화두가 되었던 자연과 인간의 합일 정신을 계승해나가야 할 것이다. 논란이 되고 있는 처용문화제는 시민화합형 축제로서는 부적합한 요소가 많으며 차제에 순수 예술축제로서 분리, 육성하는 방안을 고려해야 할 것이다.

울산의 대표 브랜드로서는 고래가 가장 좋을 듯하다. 용을 형상화한 것으로 알려진 현행 울산시의 로고 역시 반구대의 고래 암각화로 바꿀 필요가 있다. 선사시대 이래로 고래는 한 번도 울산을 떠나지 않았다. 우리 울산시민들은 앞으로도 계속 고래가 살아갈 수 있도록 생태환경을 가꿀 책임이 있고,

우리들 역시 고래들처럼 세계만방으로 뻗어나가야 할 것이다. 고래, 환경, 세계는 선사시대부터 울산사람들이 추구해온 가치임에 틀림이 없다.

새해에는 울산시 전역이 개발과 발전의 혜택을 골고루 나눌 수 있도록 정책적 배려를 아끼지 말았으면 좋겠다. 무거동, 삼산동, 천상리와 구영리, 그리고 고속철 역사와 국립대와 혁신도시가 들어설 개발지역들만 신경 쓸 것이 아니라, 울산의 지리적 구조로 인하여 지금까지 소외되고 낙후될 수밖에 없었던 두서, 두동, 삼동 지역 등에 대한 정책적 고민을 시작해야 할 것이다. 이 지역 역시 지속가능한 균형 발전이 이루어져야 하며, 불가피한 환경보존 구역에 대해서는 적절한 보상책을 마련할 필요가 있다.

무엇보다도 우리 시민들이 바라는 것은 울산시를 보다 맑고 밝은 도시로 가꾸어 나가는 것이다. 그것은 바로 태화강을 살리려는 우리 시민들의 하나 된 마음에서 시작될 것이다.

(2006.12.29)

넷·· 처용문화제의 대안

처용은 왜 아내의 불륜을 문제삼지 않았을까

고대 신라 왕실에는 '마복자'와 '색공'이라는 성풍속이 유행하였다.

처용설화를 접하는 사람들마다 고개를 갸우뚱거리는 대목이 있다. 처용은 왜 아내의 불륜현장을 직접 목격하고서도 아무런 조치를 취하지 않고 무력하게 시만 읊었던 것일까?

『삼국유사』에 의하면 헌강왕(憲康王)은 처용의 마음을 붙잡기 위하여 미녀를 주어 그의 아내로 삼게 하였다.

그 후 그녀를 흠모한 역신(疫神)이 사람으로 변하여 밤마다 그 집에 와서 몰래 자고 갔다고 기록하고 있다. 아내의 불륜현장을 직접 목도한 처용은 칼부림을 하는 대신에 노래를 지어 부르고 춤을 추다가 물러났다고 한다.

"동경(東京) 밝은 달에 밤새도록 노닐다가 들어와 자리를 보니 다리가 넷이구나. 둘은 내 것이지만 둘은 누구의 것인가. 본래 내 것이지만 빼앗긴 것을 어찌 하리."

그때 역신이 자신의 모습을 드러내어 처용 앞에 꿇어앉아 말하기를, 앞으로 처용의 얼굴을 그린 그림만 보더라도 결코 범하지 않겠다고 약속하였다.

처용설화에서 가장 이해하기 어려운 부분은 처용이 자기

아내의 불륜현장을 지켜보면서도 아무런 조처를 취하지 않았던 바로 이 사실이다. 현대적인 관점에서 보면 얼른 납득이 되지 않는다. 처용이 아무런 대책 없이 그냥 지켜볼 수밖에 없었던 것은 도대체 무슨 이유 때문이었을까? 처용이 불렀던 노래는 자포자기의 심정에서 부른 것인가, 아니면 시대적 관행에 대한 비판을 함축하고 있는 것인가?

처용의 행위를 이해할 수 있는 몇 가지 경우를 생각해 볼 수 있다. 첫째로 혈족단체 안에서의 난혼(Promiskuität), 족내혼(Endogamie), 또는 플라톤이 제시한 성 공동체의 경우이다. 플라톤은 지배계층의 경우에 결혼과 사유재산을 금지하였으며, 국가가 미모와 지혜가 탁월한 여성들을 선발하여 공동으로 관리해야 한다고 주장하였다.

고대 그리스의 역사가 헤로도토스는 실제로 여성 공유사회가 실제로 있었다고 기술하고 있다. 스위스 출신의 바흐오펜이나 미국 출신의 모건은 고대 가족에 대한 연구에서 최초의 형태는 난혼이었고, 그것이 다시 모계와 부계사회로 이행하였다고 주장한다.

처용의 시대에 난혼이나 족내혼이 일반적인 성 풍속이었다면 처용 역시 자신의 아내가 저지른 불륜에 대하여 이의를 제기할 수 없었을 것이다. 고대 신라사회에서 부분적으로나마 왕족을 중심으로 난혼이 이루어졌다는 사실이 보고되고 있으므로, 처용의 경우에도 이러한 가능성을 완전하게 배제할 수는 없다.

두 번째로 모권(Muterrecht) 사회나 모계사회일 경우를 생각할 수 있다. 성서에서도 모계사회의 흔적이 부분적으로 나타나고 있다. “남자는 어버이를 떠나 아내와 어울려”라는 부분이 바로 그 대목이다(「창세기」 2:24, 「마태복음」 19:5, 「마가복음」 10:7, 「에베소서」 5:31)라는 대목이 그 전형적인 흔적이다.

이는 「창세기」 3:16에서 여자에 대하여 “너는 남편을 사모하고 남편은 너를 다스릴 것”이라고 한 내용과 상치된다. 또한 유대족 출신의 아버지를 가졌던 야이르가 므낫세 출신의 어머니의 대를 이어서 어머니 가문인 ‘므낫세의 아들’로 불리어진 사실(「민수기」 32:41)이나, 유대 부족 바르질래의 여자와 결혼한 사제들이 그 아들들을 어머니 혈통에 따라서 ‘바르질래의 아들’이라고 불렀던 사실(「느헤미아」 7:63) 등에서도 모권이 확인된다. 그러나 대부분의 학자들은 모계전승이 고대사회에서 부분적으로 이루어졌으며 일반적인 현상은 아니라고 주장한다.

만일 처용의 시대에 모계전승이 일반적인 경향이었다면 처용은 그 부인의 불륜을 문제 삼을 수 없었을 것이다. 그러나 고대 신라사회에서도 모권사회가 일반적인 현상은 아니었기 때문에 이 가능성은 배제되어도 좋을 것 같다.

세 번째로 복혼(複婚 polygamy)의 경우를 생각할 수 있다. 일처다부제(polyandry)와 일부다처제(polygyny)가 있으며, 일처다부제는 특히 모권사회와 연계된다. 처용의 아내가 다른 남자를 또 다른 남편으로 섬겼다면 이에 해당될 수 있다.

일부다처제의 사회에서도 특별한 경우에는 한 여자가 두 명 이상의 남자와 관계를 가질 수도 있다. 이는 고대 신라의 기틀을 유지해왔던 화랑과 풍월주, 그리고 왕족의 가계 문제를 적나라하게 다루었던 김대문의 『화랑세기』에서 흔하게 찾아볼 수 있는 현상이다.

바로 이 경우가 처용의 행위를 가장 이해할 수 있게 해주는 것 같다. 『화랑세기』는 『삼국사기』와 『삼국유사』와는 달리 상상을 초월하는 일탈된 성 풍속을 기술하고 있어서 역사학자들에 의하여 위서로 간주되어 왔다. 그러나 이 책이야말로 신라사회를 이해할 수 있게 하는 중요한 전거라고 믿는 학자들도 생겨나기 시작하였다(이종욱, 『화랑세기로 본 신라인 이야기』, 김영사 2000).

김대문의 서술에 의하면 고대 신라의 왕과 풍월주(화랑지도자)의 가계를 유지하는 수단으로 마복자(摩腹子)와 색공(色供)제도가 활용되었다고 한다. 특히 마복자는 신라를 칭하는 이른바 신국(神國)의 도(道)로 간주되었다. 마(摩)는 '문지르다', '가까워지다'를 뜻하므로 마복자(摩腹子)는 '배를 맞추어서 얻은 아들'이다.

또한 신라의 왕실과 귀족사회에서는 자신의 아내를 왕에게 바치는 풍습이 일반적으로 행하여졌으며, 왕은 수시로 신하의 부인을 범할 수 있었다(色供). 왕이나 왕족이 자신들의 부인 이외의 여인들과 관계를 가져서 얻은 자식을 마복자라 하고, 이들은 그 신하의 가계에 기록된다. 왕의 혈통을 지닌 마복자들은 화랑이 되어 왕실 수호세력으로 기여하였다.

이것은 김대문이 그린 6, 7세기 신라의 성 풍속도이다. 고대 신라시대의 성 풍속도에 비추어 보면 왕족들 사이에서 마복자와 색공 제도를 바탕으로 난혼과 복혼이 이루어졌던 것으로 확인된다. 왕이 처용의 마음을 잡기 위하여 미인을 아내로 주었으나, 그 부인을 색공의 대상으로 삼았을 가능성을 생각할 수 있다.

처용이 자기 부인의 불륜을 적극적으로 저지할 수 없었던 것은 이런 이유였을 가능성이 크다. 왕 또는 왕족이 처용의 부인을 범했다고 가정할 경우에만 우리는 이 사건의 전모를 납득할 수 있게 된다.

마복자와 색공제도가 성행하던 6, 7세기의 상황이었다면 처용의 노래까지도 일종의 반항으로 간주되었을지도 모른다. 그럼에도 불구하고 처용은 노래를 통하여 자신의 불편한 심기를 드러냈고, 간통자는 그 잘못의 시정을 약속하였다. 이렇게 볼 경우에 처용의 시대였던 10세기에는 성 풍속도에 상당한 변화가 있었을 것이라고 상상할 수 있다.

헌강왕의 재위 20여년 전에 신라최고의 학자로 알려진 최치원이 유학사상을 보급하였으므로, 10세기에는 처용이 마복자와 색공 제도에 은근하게 이의를 제기할 수 있었을지도 모른다. 그렇다면 처용은 아무런 조치를 취하지 않은 것이 아니고, 노래를 통한 항거를 시도했다고 해석할 수도 있다.

처용이 누구인지 확인할 길은 없다. 그가 화랑의 일원인지 아랍의 상인인지를 확인할 방법은 없다. 그러나 왕은 그의 마음을 사로잡기 위하여 여인을 주었으며, 그 여인을 다시 색공의 대상으로 간주하였을 가능성이 크다. 처용은 당시의 성 풍속 때문에 소극적으로 대처할 수밖에 없었을 것이고, 사정이 이렇다면 처용의 행위는 관용정신과 아무런 관계도 없을 것이다.

울산시가 처용설화에 바탕으로 둔 처용제를 대표적인 축

제로 육성하고 있지만 설화에서 추상화한 관용정신이 사실과 다르거나, 그것이 오히려 성적으로 일탈된 울산사회의 현재 모습을 희화화하는 것처럼 보여서는 곤란할 것이다. 이 점이 바로 우리가 처용제를 다시 돌아보게 하는 것이다.

(2005.11.23)

처용문화제, 이대로 둘 것인가

1. 삼국유사와 처용설화

제49대 헌강대왕(憲康大王) 대에는 서울로부터 동해 어귀에 이르기까지 집이 즐비하게 늘어서 있고 담장이 서로 맞닿았는데, 초가집은 한 채도 없었다. 길에는 음악과 노랫소리가 끊이질 않았으며 바람과 비는 사철 순조로웠다. 이때 대왕이 개운포(開雲浦)로 놀러갔다 돌아오려 하였다. 낮에 물가에서 쉬고 있는데, 갑자기 구름과 안개가 캄캄하게 덮여 길을 잃게 되었다. 왕이 괴이하게 여겨 주위 사람들에게 물으니, 일관이 아뢰었다. "이는 동해에 있는 용의 변괴이니, 마땅히 좋은 일을 하여 풀어야 합니다." 그리하여 용을 위해 근처에 절을 짓도록 유사(有司)에게 명령하였다. 명령을 내리자마자 구름이 걷히고 안개가 흩어졌다. 이 때문에 그곳의 이름을 (구름이 걷힌 포구라는 뜻의) 개운포라 한 것이다.

동해의 용은 기뻐하여 곧 일곱 아들을 거느리고 왕의 수레 앞에 나타나 덕을 찬양하며 춤을 추고 음악을 연주하였다. 그 중 한 아들이 왕의 수레를 따라 서울로 들어와 왕의 정사를 보필했는데, 이름을 처용(處容)이라 하였다. 왕은 미녀를 주어 아내로 삼게 하고 그의 마음을 잡아 머물도록 하면서 급간(級干)이란 직책을 주었다. 그의 아내가 매우 아름다웠으므로 역신(疫神)이 흠모하여 사람으로 변해 밤이 되면 그 집에 와 몰래 자곤 하였다. 처용이 밖에서 집에 돌아와 두 사람이 자고 있는 것을 보고는 노래를 지어 부르고 춤을 추다가 물러났는데, 그 노래는 다음과 같다.

동경(東京) 밝은 달에 밤새도록 노닐다가 들어와 자리를 보니 다리가 넷이구나.

둘은 내 것이지만 둘은 누구의 것인가. 본래 내 것이지만 빼앗긴 것을 어찌 하리.

그때 역신이 형체를 드러내 처용 앞에 꿇어앉아 말하였다. "제가 공의 처를 탐내어 지금 범했는데도 공이 노여워하지 않으니 감탄스럽고 아름답게 생각됩니다. 맹세코 오늘 이후로는 공의 형상을 그린 그림만 보아도 그 문에는 절대로 들어가지 않겠습니다." 이로 인해 나라 사람들이 문에 처용의 형상을 붙여 사악함을 물리치고 경사스런 일을 맞이하려고 하였다. 왕은 돌아오자 곧 영취산(靈鷲山) 동쪽 기슭의 좋은 땅을 가려 절을 세우고 망해사(望海寺)라 하였다. 망해사를 신방사(新房寺)라고도 했으니, 이는 처용을 위해 세운 절이다.

2. 『삼국유사』의 처용설화에 나오는 키워드

제49대 헌강대왕(憲康大王), 구름과 안개, 동해 용의 변괴, 사찰건립, 개운포(開雲浦: 구름이 걷힌 포구라는 뜻), 동해 용왕의 아들, 처용(處容), 미녀를 아내로 삼게 함, 급간(級干) 벼슬 하사, 역신(疫神)과의 통간, 처용의 태도와 처방, 망해사(望海寺) 건립: 『삼국유사』(권2, 紀異 제2)

이 설화의 해석적 상황으로는 왕권과 그 도전세력을 상정할 수 있으며, 두 세력의 갈등, 대결, 그리고 새로운 화해를 추구하는 것이 주류인 것 같으나, 그 배후에는 탐욕과 색정으로 신뢰가 와해되는 모습이 은폐되어 있다. 일연선사는 이 설화를 저항사상과 불교적 유토피아의 모색을 지향하는 방향으로 해석하고 있으나, 성담론적 접근방법으로 볼 경우에 근거없는 것이다.

3. 처용설화의 출처

[삼국유사] 1281년경 일연스님이 저술하였다. (김원중 역, 을유문화사 2002, 186-188쪽). 이 설화에서 용왕의 아들인 처용은 헌강왕에 의하여 발탁되었으며, 아름다운 부인의 간통 현장을 직접 목격하고서도 관용을 베풀어 역신으로 하여금 탄복하게 했던 사람으로 그려지고 있다. 처용의 얼굴이 부적(符籍)으로서 효험을 가지게 된 것과 불교 사찰의 건립 배경에 대한 불사연기(佛寺緣起) 사상이 바탕에 깔려 있다. 『삼국유사』의 저자인 일연은 승려였기 때문에 처용을 주로 불교적

(때로는 무속적) 시각에서 그리려고 하였다.

[삼국사기] 그보다 140여 년 전에 김부식은 『삼국사기』(1145년)에서(권11, 신라본기, 헌강왕 5년 春三月條) 처용 사건을 설화가 아닌 하나의 역사적 사실로 기술하고 있다. 즉, 헌강왕 5년(879년) 3월에 왕이 나라의 동쪽지방의 군(郡)으로 순행하는데 알지 못하는 종자 4명이 어전에 나타나서 노래하고 춤을 추었으며, 그 모양이 괴상하고 의관도 달랐으므로 산해정령(山海精靈)이라고 불렀다. 그런데 김부식은 각주에서 『고기』(古記)에서 왕이 즉위한 해에 이들이 출현했다(小註: 古記謂王卽位元年事)고 구체적으로 인용하고 있는 것으로 보아 실제 사실일 가능성이 높다. 『고기』는 이규보의 「동명왕편」에 소개된 『구삼국사』(舊三國史)의 「신라본기」일 가능성이 크다.

김부식은 처용의 출현 사건을 역사적 사실로서 기술한 반면에 일연은 무속과 불교적 색채가 농후한 설화로 기술하였다. 이 두 개의 텍스트에서 언급된 사실들을 바탕으로 처용에 대한 다양한 해석이 시도되었지만 아직까지 확실한 사실은 밝혀지고 있지 않다.

4. 처용의 정체

처용은 일반적으로 일연의 기술 방식에 따라서 '용왕의 아들'로 간주되고 있지만, 학자들에 따라서 '화랑', '호족의 자제', '이슬람의 상인' 등과 같이 '천의 얼굴'의 가진 신비한 인물(김학성)로 다루어지고 있다.

첫째로 불교의 용신사상(龍神思想)과 용사상(龍信仰)에 입각하여 처용이 용왕(김사엽), 호국룡(황패강), 화랑(김종우, 장덕순)이라고 주장한다. 이 경우에 처용설화의 역사성은 현저하게 위축된다.

처용을 용 신앙(龍信仰)과 연결시키는 경향성이 두드러지는 것은 '처용'이 '용안'(龍顔)의 훈독이라는 것이다. 처(處)는 장소를 나타내는 '곧'(곳)을 뜻하며, 이는 용(龍)이나 꽃(花)의 고어인 '구(ku), 구스(kus), 굳(kut)'과 같다. 그리고 용(容)은 '즛'으로서 '안'(顔)과 같다. 처용랑(處容郞)은 용안(龍顔)의 가면을 쓰고 열병신(熱病神), 즉 역신(疫神)을 물리치는 사람이라고 해석하기도 한다(김사엽).

또한 『계림유사』(鷄林類史)에서 용을 가리켜 '칭'(龍曰稱)이라고 한 사실에 근거하여 '칭'의 이중화 현상, 즉 '치용'을 거쳐서 처용(處容)으로 굳어졌다는 주장도 있다(강신항). 다른 한편 처(處)는 용(龍)이고, 용(容)은 길이 기념하겠다는 의미에서 처용은 신라의 화랑을 뜻한다는 주장도 있다(김종우). 앞에서 지적한 것처럼 처용을 용신앙과 연결하려는 해석은 일연의 기술에 충실하려는 것에 지나지 않으며, 이럴 경우에 처용 사건 자체의 역사적 의미, 즉 김부식이 기술했던 사건의 의미는 거의 사라지게 된다.

둘째로 처용설화가 무속신앙에서 기인되었다고 주장하는 사람들도 있다. 무(巫)의 뜻을 가진 신라의 왕호 차차웅(次次雄)이 바로 처용이라는 주장(서정범)도 있고, 처(處)는 '곧, 굳'이고, '긋'(kuts)은 무(巫)를 뜻한다고 보는 입장도 있다(강헌규). 일반적으로 처용을 무격(이능화, 김동욱), 주술신화(김

열규) 등으로 해석하기도 한다. 이와 같은 무속적 해석은 처용설화를 종교적 또는 주술적 처치 활동으로 제약하는 한계를 안고 있으며, 따라서 역사적 사건으로서의 의미가 축소된다.

셋째로 처용은 단순한 인명이라는 주장이 있다. 처용은 신라 헌강왕때 '동해용(東海龍)의 아들로 불리는 사람'의 이름에 지나지 않는다는 것이다. 그러나 양주동박사는 처용이 우리나라 상고시대, 즉 단군조선시대의 황제였던 '제융' 혹은 '치융'에서 비롯되었다고 보기도 한다. 이 경우에 처용은 한사상과 연관되어 있다. 이 경우에 처용설화에 나타난 처용의 행위 내용이 치융천황에 비하여 너무나 왜소하다는 한계가 있다.

넷째로 중앙귀족과 지방호족의 알력설에 근거하여 처용이 호족 자제(이우성)이거나 민중적 지지를 받은 영웅(김학성)일 가능성이 있다. 이 경우는 당시의 정치상황에 비추어 상당한 설득력을 가질 수 있다.

다섯째로 신라와 서구의 교역활동에 근거하여 처용이 외래인일 수 있다는 주장이 있다. 처(處)는 '살 처', '곳 처', '정할 처' 등이고, 용(容)은 용납할 용, 용서할 용, 안존할 용, 얼굴 용, 모양 용 등의 자의(字意)에 의하면, 처용은 '입주'(入住)가 허용(許容)된 사람'이라는 뜻이다(이용범). 무함마드 깐수(정수일)는 『신라·서역교류사』(단국대학교출판부 1992)에서 처용이 아랍인일 가능성이 크다고 주장하였다. 그러나 처용이 서역인, 특히 아랍인이었다고 할 경우에 자기 부인의 외도에 대하여 그렇게 소극적인 태도를 취했던 사실이 납득되지 않는다.

5. 처용의 서역도래설

처용의 서역전래설은 어떤 근거에 바탕을 두고 있는 것일까?

첫째로 우리의 몇 가지 역사서에 바탕을 둔 자료적 근거에서 유래한다. 가장 오랜 전거인 『삼국사기』에는 헌강왕의 앞에 나타난 네 명의 사람들이 낯선 옷을 걸친 괴상한 얼굴을 하고 있다고 기록되어 있다. 이 사람들을 당시 교역차 신라에 왔던 서역인들이 아닌가 추론한 것이다. 1481년에 편찬된 전50권의 『동국여지승람』 중 권22(蔚山郡 山川)과 우리나라 최고(最古)의 지리지인 『경상도지리지』(慶尙道地理志) 울산군 편에서도 처용이 벽해(碧海)에서 왔다고 기술하고 있다.

둘째로 울산의 해룡전설(海龍傳說) 또는 황룡연(黃龍淵) 전설과 같은 설화적 근거에 바탕을 두고 있다. 신라 27대 선덕여왕 때 자장율사가 당나라에 들어가 8년간 불경을 연구하고 당나라 태화지에 이르니 용신(龍神)인 문수보살(文殊菩薩)이 나타나 석가모니의 진사리(眞舍利)와 치아(佛牙)와 붉은 가사(紅袈裟)를 주면서 해동국(海東國)에 돌아가서 불사(佛事)를 일으키도록 하였다. 그는 신라에 돌아온 후 경주 황룡사탑과 양산 통도사, 그리고 울산 태화강 황룡연 절벽 위의 태화사에 고루 나누어 봉안하였다. 이 경우에 해룡은 물론 바다를 건넌 사실을 암시하고 있으며, 여기에서는 당나라에서 현신한 문수보살을 가리키고 있지만, 김수로왕의 부인을 약취한 해룡의 경우에는 동해안 일대에 출몰한 왜 해적(倭海賊)으로 해석되기도 한다(깐수).

셋째로 처용이 실크로드를 통하여 신라까지 온 이슬람 상인이라는 이른바 문화교류적 근거에 바탕을 두고 있다(깐수). 개운포(현 온산면 처용리 일대)는 번창한 국제무역항으로서 아랍인과 무슬림인들이 출현했을 가능성이 크다. 중세 아랍의 지리학자 이븐 쿠르다지바에 의하면 당시 8세기에서 13세기 중엽까지 지중해에서 인도양을 거쳐 태평양 서안까지를 활동무대로 삼았던 압바스조 이슬람제국이 있었고, 신라로부터 검(銀粧刀), 명주(絹布), 도자기 등을 수입하였다. 그렇다면 처용을 이때 신라에 온 서역인이라고 볼 수 있다는 것이다.

특히 당나라 말기(唐末)에 중국인 전역(錢易)은 그의 저서 『남부신서』(南部新書)에 이상한 성씨를 가진 색목인(色目人)이 등용되었다는 사실을 적고 있는데, 이들은 아랍, 무슬림을 포함한 서역인이었다. 따라서 헌강왕도 사회, 경제적인 변혁의 시대를 극복하기 위하여 이재에 밝은 서역인을 등용하였을 가능성이 크다고 본 것이다.

그럼에도 불구하고 우리는 처용이 누구인가를 정확하게 규정하기가 어렵다. 깐수의 지적대로 처용이 특히 이슬람 신앙을 가진 서역인이라고 한다면, 성도덕에 엄격한 그들이 처용과 같은 태도를 취할 수 있었겠는가라는 점에서 회의적이다. 처용설화와 관련된 어떤 텍스트에도 서역인이라고 단정할 수 있는 구체적 근거는 없으며, 그들이 서역인이었다면 기독교 신앙을 가진 유대인이었을 가능성도 배제할 수는 없다. 그와 반대로 처용은 우리의 고유사상인 단군조선의 황제였던 제융의 화신일 수도 있다. 그러나 그들이 어떤 신앙을 가진 사람들이었든지 관계없이 그때 당시 우리나라는 불교의 영향권이었기 때문에 처용의 아이덴티티는 불교적인 색채로 기술될 수밖에 없었다.

이와 같은 사실들을 종합해 볼 때 처용의 정체는 여전히 불투명하다. 단군조선시대의 치융황제의 화신(한사상), 차차웅(무속), 용신앙(불교), 특히 서역인일 경우에 이슬람 또는 기독교 신자일 가능성까지 고려한다면 처용설화는 모든 종교와 연계될 수 있는 개연성이 있다. 따라서 처용설화 및 처용제의 문제를 특정 종교의 이해관계에서 접근하는 것보다는, 설화의 모티브가 산업수도 울산시민의 정체성 구현에 적합할 수 있는가, 그리고 그것이 전시민적으로 추구할 가치이념이 될 수 있는가를 살피는 것이 중요하다.

6. 불륜을 보는 처용의 시각

처용설화의 핵심적인 모티브는 불륜이다. 그 전후에 주인공들의 러브스토리가 존재하는 지는 알 수 없다.

처용설화에서 가장 이해하기 어려운 부분은 처용이 자기 아내의 불륜현장을 지켜보면서도 강력하게 대처하지 않았다는 사실이다. 물론 현대적인 관점에서 이해할 수 없는 어떤 문화적 이유가 있을 수 있다. 그것을 파악하는 것이 중요하다. 정확한 해명 없이 처용의 애매한 태도를 관용이라고 말하는 것은 적절한 평가가 아니다. 우리는 처용이 자신의 부인의 간통 현장을 그저 지켜볼 수밖에 없었을 상황에 대하여 심층적으로 접근해 볼 필요가 있다. 성문화적으로 다음과 같은 경우들을 상정해 볼 수 있다.

첫째로 혈족단체 안에서의 난혼(Promiskuität)이나 족내혼(Endogamie)과 같은 성 공동체의 경우이다. 어떤 부족사회에서는 청년이 아내를 맞아들이는데 수 개월이 걸리는 경우도 있었다. 신부가 부족의 모든 남성들을 거쳐서 마지막으로 신랑에게 오기 때문이다.

둘째로 모권(Muterrecht)이 중시되는 모계사회에서는 부인이 두 명 이상의 남편을 거느릴 수 있으며, 시기가 잘 맞지 않을 경우에 남편은 자기 부인이 다른 남자와 정사를 벌이는 것을 관찰할 수도 있을 것이다.

셋째로 복혼(複婚 polygamy)의 경우를 생각할 수 있다. 복혼에는 일처다부제(polyandry)와 일부다처제(polygyny)가 있다. 일처다부제는 앞에서 말한 모권사회와 같은 현상이고, 일부다처제는 한 남자가 여러 부인을 거느리는 경우이다. 처용의 경우에는 일부다처제는 해당 사항이 없는 듯하다.

넷째로 신라왕실의 독특한 성풍속과 관련된 해석이 가능하다. 신라왕실과 화랑귀족들 사이에서는 마복자(摩腹子)와 색공(色供)제도가 일상적이었다고 한다. 이는 신라왕실의 혈통을 유지하기 위한 제도이었으며, 왕은 필요할 경우에 언제나 신하의 아내나 다른 왕족의 여인을 범할 수가 있었다. 처용의 부인 역시 헌강왕이 직접 하사한 여인이기 때문에 헌강왕이 이 여인을 다시 찾았을 가능성은 얼마든지 있다.

왕이 처용의 부인을 범했다고 가정할 경우에만 이 사건의 전모가 납득될 수 있으며, 그렇다면 울산시가 처용의 관용정신을 기리는 것 자체가 우스꽝스러울 수 있다. 물론 오늘날의 관점에서 그 당시의 성문화를 평가하는 것은 잘못이겠지만, 우리에게 중요한 것은 그것이 현재 울산시민들이 보편적으로 추구해야할 가치일 수 있는지를 판단하는 것은 전혀 다른 문제일 것이다.

7. 처용문화제 및 울산시 로고의 문제

처용문화제를 문제삼는 것은 현재 울산시의 보편적인 가치지향과 관련되기 때문이다. 우리는 처용설화 자체의 문학적, 종교적 의미 자체를 부정하는 것이 아니다. 지금까지의 처용설화에 대한 해석은 무속적, 불교적인 경향성이 주도적이었다. 이는 종교다원화 시대인 현대사회의 가치정서와 부합되지 않은 문제가 있다.

처용설화의 모티브가 산업수도 울산의 대표축제나 이미지 브랜드로서 적합하고, 울산시민들이 추구해야 할 궁극적 가치인가를 비판적으로 검토할 필요가 있다. 처용의 출처근거가 불분명하고, 설화에서 추상화한 관용정신이 성적으로 일탈된 울산사회의 현재 모습을 희화화하는 것처럼 보일 수도 있어서 교육적으로나 정신건강상 유해할 수 있다. 이는 고대 신라 왕실의 마복자 및 색공제도의 찬양·계승으로 비쳐질 수도 있다.

울산시의 로고 등에도 처용설화의 용 사상(龍思想)이 반영되어 있다. 용에 대한 관념은 동양과 서양에서 정 반대로 해석되고 있으며, 특히 기독교인들은 부정적인 생각을 가질 수 있다. 산업수도 울산시의 정체성을 여실히 드러내고 있는 대표축제와 시 로고 등은 특정 종교의 사상을 반영해서는 안 되며 성별, 직업별, 종교별 차이를 넘어서는 가치중립적인 이미지로 교체해야 한다.

8. 대안적 가치의 모색

울산을 대표하는 새로운 이미지는 반구대의 암각화, 천전리 각석에 나타난 장인정신과 미학적 추상 정신을 계승하면서, 60년대 이후 산업화 과정에서 울산공업단지가 국가경제 발전에 주도적인 역할을 하게 되었던 산업수도로서의 위상을 돋보이게 하는 동시에, 태화강 살리기 및 동해바다와 고래 등의 친환경적 지속 이념을 망라할 수 있어야 한다.

새로운 축제의 모델은 부산 국제영화제와 광주 비엔날레 등 국제적 규모를 가질 수 있어야 하며 울산지역의 정체성과도 연계될 수 있는 생산적인 성격을 가져야 할 것이다. 자동차, 선박 등 제조업 분야의 지속 발전을 지원하는 측면에서 국제모터쇼, 국제선박페스티벌, 국제산업디자인대전 등이 대안으로 모색될 수 있을 것이다.

(이 글은 2005년 11월 28일 경주 코롱호텔에서 울산지역 교회 대표들을 대상으로 발표하였으며, 또한 2006년 10월 30일 동천체육관에서 울산시 기독교 단체 대표들을 대상으로 수정 발표한 것이다.)

처용문화제를 넘어서

처용문화제가 "역동의 산업수도 푸른 울산"을 지향하는 울산시민들의 궁극적 가치를 반영하고 구현할 수 있는가에 대해서 비판적으로 검토해 볼 필요가 있다. 그 동안 처용제에 대한 비판적인 시각이 있었음에도 불구하고 처용제의 위상은 해를 거듭할수록 강화되어 왔으며, 2005년 8월 11일 처용제를 지원하는 울산시 조례가 제정됨으로써 더욱 탄탄하게 되었다.

우리는 울산시를 대표할 수 있는 문화축제를 성대하게 거행할 필요성에 대해서 반대하지 않는다. 울산시민들이 지향하는 가치를 세계만방에 알릴 수 있다면 더 많은 예산이 들더라도 그렇게 해야 할 것이다. 그런데 여기에서 우리가 전제해야 할 것은 울산시의 대표축제는 울산지역의 문화적 정체성뿐만 아니라 우리 세대가 추구하는 현재적 가치는 물론이고 우리의 후손들이 자랑스럽게 여길 수 있는 가치지향까지도 반영해야 한다는 점이다.

울산시는 현재 '한국경제의 동력 첨단산업도시', '아름답고 푸른 생태환경도시', '삶이 여유로운 문화복지도시'를 지향하고 있으며, 이와 같은 시정방침은 시장이 바뀌더라도 내용적으로 계속 유지되어야 할 가치들이다.

반구대 암각화와 천전리 각석에 나타난 구상미와 추상미는 울산시민들이 자랑해야 할 문화예술의 극치이다. 우리의 선조들이 구상과 추상이 아우러진 창조적 예술행위를 즐겼다는 사실에 대하여 자긍심을 가져할 것이다. 그것은 인류가 보존하고 창조적으로 발전시켜야 할 정상적 가치이자 보편적 가치이다.

이 작품들에 나타난 창조적 추상정신과 장인정신은 오늘날의 산업수도 울산을 가능하게 했던 원동력이 분명하다. 그리고 우리는 지금 이미 산업화 과정에서 황폐해진 주변 환경을 생태적으로 복원하는 동시에 태화강과 동해바다를 다시 살림으로써 고래 떼를 불러들이고 연어가 다시 찾아올 수 있는 태고적의 고향을 꿈꾸고 있다.

울산의 대표축제는 우리 지역의 문화예술과 장인정신을 연출하는 동시에 사람과 자연과 산업이 공존할 수 있는 보편적인 가치 지향을 표방해야 할 것이다. 이와 같은 시대적 요구에 비추어 볼 때 처용문화제는 그 태생적 한계를 안고 있다. 지금까지도 정체가 규명되지 않고 있는 처용의 인물, 그리고 처용가 속에 나타난 불륜 사실에 대한 부정적 이미지는 울산시민이 추구해야할 가치지향이 될 수는 없을 것이다.

처용이 아내의 불륜 현장에 있으면서도 적절하게 대응할 수 없었던 것은 아마도 김대문의 『화랑세기』에 기술된 신라 왕실의 독특한 성풍속 때문인지도 모른다. 6세기 경부터 신라왕실에서 족내혼과 색공(色供)제도가 일반화 되었으며, 왕은 필요할 경우에 신하의 여자를 범할 수도 있었다. 이런 방식으로 태어난 자식을 '마복자'(摩腹子)라고 불렀다. 배를 문질러서 얻은 자식이라는 뜻이다. 왕이 처용의 부인을 범했다고 가정할 경우에만, 그리고 왕권과 호족세력 간의 정치적 갈등을 전제할 경우에만 이 사건의 전모가 납득될 수 있게 된다.

따라서 울산을 대표하는 축제라고 한다면 반구대의 암각화와 천전리 각석에 나타난 미학적 추상 정신과 장인정신을 계승하면서, 60년대 이후 산업화 과정에서 울산공업단지가 국가경제발전에 주도적인 역할을 하게 되었던 산업수도로서의 위상을 돋보이게 하는 동시에, 태화강 살리기 및 동해바다와 고래 등의 친환경적 지속 발전의 이념을 망라할 수 있어야 한다.

새로운 축제의 가치지향은 반구대에서 찾아야 한다. '반구대문화축제'라는 이념틀 속에서만 울산지역의 문화적 정체성을 계승할 수 있으며, 역동적이고 생산적인 새로운 가치창출이 가능할 것이다. (2006.10.31)

처용문화제, 대안은 없는가

처용문화제는 올해도 어김없이 우리를 찾아왔으나 무관심 속에서 사라지고 말았다. 그 동안 처용제에 대한 비판적인 시각이 많았음에도 불구하고 그 위상은 갈수록 강화되었으며, 2005년 8월 11일 처용제를 지원하는 울산시 조례가 제정됨으로써 더욱 탄탄하게 되었다.

해마다 반복되는 처용제의 정체성 논란에 시민들은 지쳐 버렸고 시민단체들의 관심에서도 멀어져 가고 말았다. 그러나 울산시민들이 처용제를 용인한 것은 아니다. 처용제는 특색이 없고 소모적이며 시민들의 조롱거리가 되고 말았다. 처용제는 이미 실패한 축제이며 죽은 시체에 지나지 않는다. 그런데도 아무도 나서지 않는다. 울산에 처용의 가문이 존재하는 것도 아닌 데, 처음부터 잘못된 이 길에서 왜 벗어나지 못하는 것일까? 이것은 울산시민들의 정체성에 관한 문제이다. 울산시민들이 올바른 정신을 가지고 있다면 이 문제를 그냥 지나치지는 않을 것이다.

우리는 울산시를 대표할 수 있는 문화축제를 성대하게 거행할 필요성에 대하여 반대하는 것은 아니다. 울산시민들이

지향하는 가치를 세계만방에 알릴 수 있다면 더 많은 예산이 들더라도 그렇게 해야 할 것이다.

그런데 여기에서 우리가 전제해야 할 것은 울산시의 대표축제는 울산지역의 문화적 정체성뿐만 아니라 우리 세대가 추구하는 현재적 가치는 물론이고 우리의 후손들이 자랑스럽게 여길 수 있는 가치지향까지도 반영해야 한다는 점이다.

울산시는 현재 '한국경제의 동력 첨단산업도시', '아름답고 푸른 생태환경도시', '삶이 여유로운 문화복지도시'를 지향하고 있으며, 이와 같은 시정방침은 시장이 바뀌더라도 계속 유지되어야 할 가치들이다.

반구대 암각화와 천전리 각석에 나타난 구상미와 추상미는 울산시민들이 자랑해야 할 문화예술의 극치이다. 우리의 선조들이 구상과 추상이 아우러진 창조적 예술행위를 즐겼다는 사실에 대하여 자긍심을 가져할 것이다. 그것은 인류가 보존하고 창조적으로 발전시켜야 할 보편적 가치이기도 하다.

선사시대에서 신라시대에 이르기까지의 생활상이 적나라하게 반영된 이 작품들은 창조적인 추상정신과 생산적인 장인정신을 주제로 하고 있으며, 그것은 오늘날의 산업수도 울산을 가능하게 한 원동력이었다. 그리고 우리는 지금 이미 산업화 과정에서 황폐해진 주변 환경을 생태적으로 복원하는 동시에 태화강과 동해바다를 다시 살림으로써 고래 떼를 불러들이고 연어가 다시 찾아올 수 있는 태고적의 고향을 꿈꾸고 있다.

처용문화제, 실패한 축제

그러나 울산공업축제를 발전적으로 해체하는 과정에서 울산시민들은 잘못된 길로 들어서고 말았다. 반구대 대신에 처용을 선택한 것이다. 구상과 추상을 아우른 창조적 미학정신과 최선의 작품을 추구하는 장인정신을 버리고, 정치적 갈등 구도에서 빚어진 성적 일탈과 주술행위를 취하였던 것이다. 처용문화제는 가치관의 측면에서 볼 때 처음부터 그 태생적 한계를 안고 있었던 것이다.

물론 우리는 처용설화 그 자체의 문학적, 예술적 가치를 부정하는 것은 아니다. 그러나 처용설화를 울산시민들 모두가 추구해야 할 가치로 승화시키는 것은 문제가 있다고 본다. 처용문화제는 "역동의 산업수도 푸른 울산"을 지향하는 울산시민들의 궁극적 가치를 반영하고 구현할 수 있는 축제가 아니다. 지금까지도 정체가 규명되지 않고 있는 처용의 인물, 그리고 처용가 속에 나타난 불륜 사실에 대한 부정적 이미지가 울산시민이 추구해야 할 가치지향이 될 수 없다고 생각한다. 처용제는 우리 울산시민들을 우울하게 만들 뿐이다.

일연 스님이 『삼국유사』에서 기술한 바에 의하면 두 가지 유형의 갈등이 숨어있다. 그 하나는 왕과 용왕 사이의 갈등이다. 처용은 왕의 행보를 구름과 안개로 방해하였던 용왕의 아들이다. 왕은 처용을 등용하고 미인을 아내로 삼게 함으로써 용왕과의 화해를 시도하였다. 다른 하나는 역신과 처용의 갈등이다. 역신의 정체는 알려지지 않고 있다. 그는 처용 아내의 미모에 반하여 여러 번 관계를 가졌으며, 그러던 중 처용의 눈에 띄게 되었다. 역신이 처용의 관대함에 감복하는 것으로 처리된다.

처용설화는 신라왕실의 섹스 스캔들

그렇다면 이 사건은 어떻게 해석되어야 하는 것일까? 물론 다양한 가능성을 생각해 볼 수 있을 것이다. 우선 처용을 용이나 용왕의 아들, 치우천황의 화신 등 막강한 권능을 가진 자로 해석할 수 있다. 그러나 이 경우에는 역신이 처용의 아내를 범하는 것이나 처용의 관용에 감복하는 것 자체를 이해할 수 없게 된다. 역신의 권능이 용왕보다 더 크거나 대등해야 하기 때문이다.

둘째로, 처용을 무당으로 해석할 경우에 그 부인에게 붙은 악귀를 축출하는 것으로 생각할 수 있다. 그것은 통속적인 무속이야기가 된다. 그래서 어떤 학자는 이 사건을 무속적 접신 또는 내림굿 현상으로 해석하기도 하지만, 무속에서의 몸주는 악귀가 아니며 역신이 축출된 사실과도 부합되지 않는다.

셋째로, 처용을 화랑, 호족의 아들, 아랍인 등으로 해석할 경우에 처용이 아내의 불륜 현장에서 강력하게 대처하지 않았던 사실이 납득되지 않는다. 이 경우에 역신은 처용의 연적 또는 정적일 것이다.

불륜의 정사가 실제로 일어나는 것은 첫 번째와 세 번째의 경우이다. 남은 문제는 왜 처용이 아내의 불륜에 대해서 강력하게 제지하지 못했는가라는 사실이다. 지금까지의 어떤 논문에서도 이 문제를 심도 있게 다루지 않았다는 것은 매우 이상한 일이다.

처용이 아내의 불륜 현장에 있으면서도 적절하게 대응할 수 없었던 것은 아마도 김대문의 『화랑세기』에 기술된 신라 왕실의 독특한 성풍속 때문이었을 것이라고 추측할 수 있다. 6세기경부터 신라왕실에서는 족내혼과 색공(色供)제도가 일반화되었으며, 왕은 필요할 경우에 신하의 여자를 범할 수도 있었다. 이런 방식으로 태어난 자식을 '마복자'(摩腹子)라고 불렀다. 배를 문질러서 얻은 자식이라는 뜻이다.

왕이 처용에게 내린 미인을 다시 탐하였다면 처용은 노래를 부를 수밖에 없었을 것이다. 역신이 왕이나 왕족일 경우에, 그리고 왕권과 호족세력 간의 정치적 갈등을 전제할 경우에만 이 사건의 전모가 드러나게 된다. 그것은 관용정신이 아니다. 신라왕실의 섹스 스캔들일 뿐이다.

그것은 울산지역의 주류적이고 지배적인 가치지향이 아니며, 산업수도 울산의 대표축제나 이미지 브랜드로서도 적합하지 않다. 오히려 권력의 추락이나 실패한 연대를 뜻할 뿐이다. 역신이 물러났다는 사실은 처용의 희망사항에 불과하며, 처용이 왕권으로부터 축출되었을 가능성이 더 크다.

울산의 대표축제는 우리 지역의 예술혼과 장인정신을 연출하면서 사람과 자연과 산업이 공존할 수 있는 보편적인 가치지향을 표방해야 한다. 처용문화제의 종언만이 새로운 축제의 모색을 가능하게 할 것이다. (2006.11.20)

처용문화제 토론회

"처용문화제 및 울산 지역 축제 활성화를 토론회"(2006년 11월 30일)에서 한 발제자는 처용문화제를 시민화합형 축제로 분류하면서, 그러나 처용문화제는 울산시민들의 관심과 사랑을 이끌어내지 못하고 있다고 지적하였다.

또 다른 발제자는 잡화점 식으로 운영하는 처용문화제를 도시브랜드화 할 수 있는 문화산업으로 변형시켜야 한다고 주장하였다.

세 번째 발제자는 울산 지역의 축제들이 정체성도 없고 특성화되지도 않았다고 지적하면서, 지금이야말로 처용문화제를 계속 발전시킬 것인지 아니면 그만 둘 것인지를 결단해야 한다고 촉구하였다.

이들의 주장을 종합해 보면 처용문화제는 잘못 운영되고 있는 것이 분명하다. 무엇이 문제이고 어디에서부터 잘못된 것일까? 가장 근본적인 문제는 바로 명칭이었다. 처용문화제의 반복된 실패는 바로 축제 자체의 정체성의 위기에서 기인된 것이 분명하다.

처용문화제 추진위 관계자들이나 울산시 담당 공무원들은 하나같이 정체성 시비에 대한 문제는 일단락되었다고 말하고 있지만, 그러나 필자를 비롯한 세 사람의 지정토론자들은 처용문화제의 정체성 문제를 지적하지 않을 수 없었다.

왜 이와 같은 인식의 차이가 존재하는 것일까? 한 발제자는 지자체에서 주관하는 대부분의 축제들이 실패하는 가장 큰 이유를 정치권에 줄 대고 있는 토호세력의 전횡이라고 지적하였다. 그동안 30년간 지속되어온 공업축제가 바로 10년 전에 처용문화제로 개칭된 배경에도 당시 문화부장관의 입김에 편승한 울산지역의 토호세력들이 있었을 것이다.

처용문화제의 정체성 논란을 의도적으로 종식시키려는 세력들의 정체는 바로 이들 토호세력들이고 또한 그들과 야합하고 있는 일부 몰지각한 공직자들이다. 이들은 마치 처용설화에 나오는 얼굴 없는 용왕과 얼굴 없는 역신처럼 이권의 배후에 서성거리고 있다. 사람들은 바로 이들이 손을 뗄 때에만 처용문화제의 잘못된 운영방식을 바로 잡을 수 있을 것이라고 본다.

처용문화제를 반대하는 사람들이라고 해서 처용가와 처용설화의 가치를 부정하는 것은 아니다. 그들은 오히려 처용관련 축제가 세계적인 경쟁력을 가질 수 있도록 특성화할 것을 주문하고 있다. 현재와 같은 잡화점식 운영방식으로는 처용을 모티브로 한 축제를 특성화할 수 없기 때문이다.

이들이 처용문화제를 반대하는 것은 그것이 울산시민 전체의 화합을 아우르기 위한 대표축제로서 운용되고 있기 때문이다. 처용가에 대한 다양한 해석 가능성에도 불구하고 처용가의 핵심주제는 간통과 불륜이라는 사실을 회피할 수 없다.

『삼국사기』에 의하면 헌강왕은 사냥구경을 하던 중에 만났던 미인을 가로채어 관계를 가진 사실이 있으며, 그 사이에 얻은 마복자(摩腹子)를 숨겨 두었다. 진성여왕은 그를 태자로 삼았으며, 신라 제52대 효공왕이 되었다. 이 이야기는 『삼국유사』의 처용설화와 긴밀한 관계를 가지며, 처용의 부인을 범하였던 역신이 바로 헌강왕 그 자신일 수 있다는 사실을 보여준다.

따라서 처용가의 소재는 헌강왕의 마복자 이야기, 즉 신라 왕실의 섹스 스캔들일 것이다. 그것은 분명 문학적으로는 가치있는 작품일지 모르겠지만, 울산시민들이 추구해야 할 가치지향점은 되지 못한다. 문제의 심각성은 바로 울산시가 간통과 불륜을 정당화하는 것으로 오해받을 수도 있는 처용문화제를 시민화합축제로서 운영하고 있다는 데 있다.

다시 한 번 강조하거니와 울산시민들의 대화합을 추구하는 대표축제의 브랜드로서 처용문화제는 적합하지 않다. 현재 시행 중인 처용문화제는 "울산반구대축제"나 아니면 그냥 "울산시민축제"라고 부르는 것이 더 좋을 듯하며, 처용 관련 행사는 그저 순수한 문화축제로서 경쟁력을 가질 수 있도록 지원하는 방안을 고려해 주기 바란다. (2006.12.02)

헌강왕에게는 숨겨놓은 자식이 있었다

처용가의 소재는 헌강왕의 마복자 이야기, 즉 신라왕실의 섹스 스캔들이다. 지금까지의 처용연구에서는 이 사실이 전적으로 간과되었다. 울산시와 처용문화제추진위 관계자들은 아직까지도 처용설화가 관용정신을 표방한다고 믿고 있으나, 이제는 그 미망에서 벗어나야 한다.

일연이 『삼국유사』에 수록한 처용설화에 나타난 핵심 사건은 간통과 불륜이다. 처용의 아내를 여러 번 범했던 역신의 정체는 바로 헌강왕일 가능성이 크다. 그 사실을 뒷받침해 주는 사건이 김부식이 쓴 『삼국사기』에 실려 있다.

『삼국사기』에 의하면 헌강왕은 사냥 구경을 하던 중에 만났던 미인을 가로채어 관계를 가진 사실이 있으며, 그 사이에서 얻은 서자(庶子), 즉 마복자(摩腹子)를 숨겨 두었다. 헌강왕의 여동생 진성여왕은 그를 찾아내어 태자로 삼았으며, 2년 후에 효공왕으로 즉위한다. 이러한 역사적 사실은 삼국유사의 처용설화와 긴밀한 관계를 가지며, 처용의 부인을 범하였던 역신이 바로 헌강왕 그 자신일 수 있다는 사실을 보여준다. 특히 일연이 처용설화에 나오는 망해사(望海寺)를 신방사(新房寺)라고 불렀던 사실은 이 두 개의 이야기가 서로 연결된 사건이라는 점을 시사하고 있다.

『삼국사기』에 의하면 처용 사건이 발생한 것은 제49대 헌강왕 5년(879) 3월의 일이다. 그런데 같은 해 6월에 일길찬(一吉湌) 신홍(信弘)의 반역 사건이 발생하였다. 이것은 일연이 『삼국유사』에서 용왕과 역신 등 상징으로 처리한 처용 스캔들 역시 정치적 사건일 수 있다는 가능성을 시사한다.

헌강왕이 죽고 그의 동생인 정강왕이 등극하였으나 1년 만에 요절하였다. 정강왕은 그의 여동생을 왕으로 삼았으니(887년), 그녀가 바로 각간 위홍이나 소년 미장부(美丈夫)들과 더불어 음사(淫事)를 즐겼던 것으로 유명한 제51대 진성여왕이다.

후사가 없던 진성여왕은 헌강왕의 서자 요(嶢)를 태자로 삼았다(진성왕 9년, 895년 10월). 요는 897년에 즉위한 제52대 효공왕(孝恭王)이다. 그런데 바로 이 태자 요의 출생 이야기가 우리의 관심을 자극한다.

헌강왕이 야외 사냥을 구경하던 중에 자태가 아름다운 한 여자가 서 있는 것을 보고 사랑하는 마음이 생겨서 데려가 야합(野合)하였다. 그녀에게 곧 태기가 있어 아들이 태어났으며, 이름을 요(嶢)라고 불렀다. 아이는 장성(長成)하면서 체모(體貌)가 영특하였다.

당시 헌강왕을 사로잡았던 여인은 효공왕 편에서 김씨부인으로 밝혀졌으며, 나중에 의명왕태후(義明王太后)로 봉하여졌다(『삼국사기』, 제12권 중 효공왕). 당시에는 왕이 낳은 서자, 즉 마복자는 궁궐 밖에서 길러졌기 때문에 진성여왕도 나중에서야 그 사실을 알게 되었다. 헌강왕이 서자 요를 숨겨놓은 사건은 6, 7세기에 성황했던 마복자와 색공제도가 헌강왕의 재위시대인 10세기에도 여전히 작동되었던 사실을 보여주고 있다.

진성왕(眞聖王)이 듣고 그 아이를 궐내(闕內)로 불러들였다. 그리고는 손으로 요의 등을 어루만지면서, "나의 형제 자매의 골상(骨相)은 남과 다른 점이 있다. 이 아이도 등에 두 뼈가 솟았으니 참으로 헌강왕의 아들이라"고 말하면서, 태자(太子)로 봉하라고 관리에게 지시하였다(『삼국사기』, 제11권 중 진성왕).

그렇다면 김부식이 기술한 태자 요의 출생 사건은 일연스님이 수록한 처용설화와 어떤 관계에 있는 것일까? 여기에는 처용설화와 헌강왕의 마복자 기사가 하나의 동일한 사건이라는 주장과 별개의 사건일 것이라는 주장이 대립하고 있다. 그러나 이 주장들은 두 사건이 서로 연관성을 가지고 있다고 보는 점에서는 공통적이다.

김기홍(金基興)은 「신라 처용설화의 역사적 진실」이라는 논문에서 처용설화는 효공왕의 등극을 정당화하는 신화라고 해석하면서, 헌강왕이 김씨부인을 만난 시점은 울산을 순방했을 때라고 추정하였다. 두 개의 이야기가 동일 사건에 대한 것이라는 주장이다. 김기홍은 이 때 태어난 서자 요가 처용이며, 처용설화는 태자 요의 등극설화라는 것이다. 그러나 이러한 주장은 태자 요가 잉태된 시점과 처용이 정부 관리로 발탁되는 시점이 같다는 모순때문에 설득력이 없다.

바로 이 점에서 박인희는 「처용의 실체와 처용가」라는 논문에서 두 사건이 서로 다를 것이라고 주장한다. 따라서 태자 요와 처용도 별개의 인물일 것이다. 박인희는 처용이 태자 요, 즉 효공왕 사후에 백성들에 의하여 직접 추대되었던 제53대 신덕왕(神德王)일 가능성이 있다고 주장한다. 처용이 사람들에게 추앙받았다는 사실에서 신덕왕과 연결시킨 것이다. 그러나 신덕왕의 왕비는 김씨이고, 헌강왕의 딸이다. 헌강왕이 자신의 딸을 처용에게 주었다면 그 사실이 분명하게 기술되었을 것이다. 만일 헌강왕이 처용에게 내린 미인이 자신의 딸이었고, 처용이 신덕왕이었다면, 처용의 아내를 유린한 역신이 헌강왕이라고 볼 수는 없을 것이다. 그렇지만 처용이 신덕왕일 경우에도, 헌강왕이 처용의 아내를 강탈하여 아이를 낳게 하고 처용에게 돌려주었다가, 다시 겁간하던 중 발각되어 이를 무마하기 위해서 자신의 딸을 대신 그에게 내주었을 것으로 생각할 수는 있다.

이러한 주장들은 단순한 추정일 뿐이며 처용이 누구인지를 확인할 방도는 없다. 그러나 분명한 사실은 처용설화가 헌강왕의 마복자 사건과 긴밀한 관계를 가지고 있으며, 따라서 처용의 아내를 겁간한 사람이 바로 헌강왕일 가능성이 매우 높다.

처용설화는 이처럼 역신이 왕이나 왕족일 경우에, 그리고 왕권과 호족세력 간의 정치적 갈등을 전제할 경우에만 그 전모를 이해할 수 있게 된다. 처용은 당시의 성 풍속 때문에 소극적으로 대처할 수밖에 없었을 것이고, 사정이 이렇다면 처용의 행위는 관용정신과 아무런 관계도 없으며, 그것은 신라 왕실의 섹스 스캔들에 지나지 않는 것이다.

이와 같은 사실에서 처용설화는 울산지역의 주류적이고

지배적인 가치지향이 될 수 없으며, 산업수도 울산의 대표축제나 이미지 브랜드로서도 적합하지 않다. 울산시는 간통과 불륜을 정당화하는 것으로 오해받을 수도 있는 처용문화제를 시민화합축제로서 운영하고 있으며, 처용의 얼굴이나 부적 그리기 대회까지 개최함으로써 사실상 이 지역 기독교인들이 축제에 참여할 기회를 원천적으로 차단하고 있다는 사실을 유념해야 할 것이다.

현재 시행 중인 처용문화제는 "울산반구대축제"나 아니면 그냥 "울산시민축제"라고 부르는 것이 더 좋을 듯하며, 처용 관련 행사는 순수한 문화축제로서 경쟁력을 가질 수 있도록 지원하는 방안을 고려해 주기 바란다. (2006.12.20)